동물법,
변호사가
알려드립니다
2

일러두기   1. 단행본은《 》으로, 방송 프로그램은「 」으로, 법안, 지침 문서 및 기타 문헌은「 」으로 표기했다.

2. 법 이름은 법제처 국가법령정보센터에서 검색한 결과를 따르고, 약칭을 법률 찾아보기로 따로 정리했다.

동물권연구변호사단체 PNR 지음

동물법,
변호사가
알려드립니다 2

동물권연구변호사단체 PNR의 변호사들이 2019년 7월부터 2022년 2월까지 네이버 동그람이 포스트 '동물과 함께하는 法'에 연재한 글을 모아 '동물법, 변호사가 알려드립니다'의 두 번째 책을 내게 되었습니다. 이제 동그람이 연재는 마무리되었기에, 칼럼을 모은 책으로 인사를 드리는 것은 당분간 마지막일지도 모르겠습니다. 그동안 동물에 대한 각각의 이슈들을 깊이 고민하면서, 현재의 부족한 법률을 어떻게 하면 동물의 처지에 도움이 되는 방향으로 적용할 수 있을지, 또 법의 어떤 부분이 변화되어야 하는지 여러모로 고심해서 글을 썼습니다.

PNR의 변호사들은 칼럼을 쓰는 것 외에도 동물권과 동물법의 개선을 목표로 하는 소송, 캠페인, 입법 제안, 강의 등의 활동을 하고 있습니다. 우리는 이러한 작은 활동들이, 생명체로서 존중받지 못하는 지금의 동물들에게, 또 동물의 권리를 위해 노력하는 사람들에게 조금이나마 도움이 되기를 바랍니다.

요즘 우리 사회에서 길고양이 학대의 정도가 점점 심각해지면서, 2년 전쯤 길고양이들을 지키기 위한 노력의 일환으로, "고양이에게 밥을 주는 것은 불법이 아니지만 사람을 협박하거나 고양이를 학대하는 것은 '범죄'입니다"라는 문구를 포스터로 만들어 배포한 일이 있습니다.

"포스터에 기재된 '변호사 단체' 로고 때문인지, 조금은 횡포가 줄었다"는 누군가의 글을 보고 큰 힘을 얻었던 기억이 납니다. 우리는 앞으로도 변호사로서 할 수 있는 일들을 하면서, 법이 동물에게 도움이 될 수 있도록 힘쓸 것입니다.

동물의 삶을 바꾸려면, 법도 바뀌고 사람들의 인식도 바뀌어야 합니다. 시간이 오래 걸리더라도 곳곳에서 계속 변화의 움직임이 있어야 합니다. 우리는 한 명의 시민으로서 '동물은 물건이 아니다'라고 규정한 민법 개정안의 조속한 통과를 요구할 수도 있고, 한 명의 소비자로서 동물의 복지를 고려하는 윤리적인 소비를 할 수도 있습니다.

각자의 자리에서 할 수 있는 작은 노력과 마음이 모이면 우리 사회도 동물과 사람이 함께 행복하게 살아가는 곳이 되리라 생각합니다. 그러한 마음으로 쓴 이 책도 그 작은 노력이 시작되는 데 보탬이 되기를 간절히 희망합니다.

동물권연구변호사단체 PNR

반가우면서도 아쉬움이 남는
11년 만의 동물보호법 전면 개정

신수경 변호사

동물보호법은 1991년 단 12개의 조항을 담아 제정된 이래 30년간 크고 작은 개정을 거쳐 현재 47개 조항으로 보완되었다. 그럼에도 동물보호와 동물복지의 필요성, 동물의 권리 등에 대한 국민적 감수성 향상의 속도에는 못 미친다는 아쉬움이 있었고, 이러한 시대의 요구와 흐름에 맞게 동물보호법의 전면적인 정비가 필요하다는 목소리가 계속되어 왔다. 더욱이 동물은 물건이 아님을 명시한 민법개정법률안이 현재 국회 본회의 통과만을 앞두고 있는 시점에서, 동물보호와 동물복지의 기본법인 동물보호법이 올바른 방향을 제시할 필요성은 더욱 커졌다.

2020년부터 국회와 농림축산식품부는 동물보호와 복지 제도의 전반적인 개선을 위한 동물보호법 전부개정안을 준비했고, 동물보호법 전부 개정법률안(대안)이 국회를 통과하여 2022년 4월 26일에 공포된 뒤 2023년 4월 27일부터(일부 규정의 경우 2024년 4월 27일부터) 시행을 앞두고 있다. 개정된 동물보호법은 제7장 47개 조항이던 기존 동물보호법을 다음과 같이 제8장 101개 조항으로 개편했다.

현행 동물보호법(법률 제16977호)	개정된 동물보호법(법률 제18853호)
제1장 총칙(제1~6조)	제1장 총칙(제1~5조)
제2장 동물의 보호 및 관리(제7~22조)	제2장 동물복지종합계획의 수립 등(제 6~8조)
제3장 동물실험(제23~28조)	제3장 동물의 보호 및 관리
제4장 동물복지축산농장의 인증(제29조~31조)	-제1절 동물의 보호 등(제9조~16조)
제5장 영업(제32조~38조의2)	-제2절 맹견의 관리 등(제17조~29조)
제6장 보칙(제39조~45조)	-제3절 반려동물행동지도사(제30조~33조)
제7장 벌칙(제46조~47조)	-제4절 동물의 구조 등(제34조~46조)
	제4장 동물실험의 관리 등(제47조~58조)
	제5장 동물복지축산농장의 인증(제59조~68조)
	제6장 반려동물 영업(제69조~85조)
	제7장 보칙(제86조~96조)
	제8장 벌칙(제97조~101조)

개정 법률을 구체적으로 살펴보자. 먼저 동물 학대 등을 행한 자가 유죄판결을 선고받은 경우 200시간의 범위에서 재범예방에 필요한 수강명령 또는 치료프로그램의 이수명령을 병과할

수 있도록 했고(제100조), 소유자가 부득이하게 사육을 포기한 동물을 지자체가 인수하는 제도를 마련했다(제44조 등). 또 맹견의 수입신고·사육허가, 맹견의 기질을 평가하는 위원회에 대한 근거 조문을 마련했고(제18조, 제26조), 반려동물의 행동 분석 및 훈련 등에 전문적인 지식과 기술을 가진 반려동물 지도사 제도를 도입했으며(제30조), 민간의 동물보호시설에 대한 신고의무 및 운영기준 준수 의무를 담은 조항도 신설했다. 그동안 동물보호법의 내용 중 보완의 필요성에 대한 지적이 끊임없이 제기되어 온 내용들이 실제 법안에 반영된 것이라고 볼 수 있겠다.

이외에도 동물실험윤리위원회 심의·감독 기능 강화 등 '동물실험 윤리성 강화'(안 제53조 등), 동물복지 축산 농장의 인증제도 개선(안 제61조), 반려동물 수입업·판매업·장묘업을 기존 등록제에서 허가제로 변경하는 '반려동물 영업 관리 강화'(안 제71조 등), 동물보호정보의 수집과 활용(제96조) 등의 내용이 신설되었다.

아쉬움이 남는 부분은 여전히…

신설된 내용들은 동물보호와 동물복지 향상을 위해 진일보한 내용이지만 다소 아쉬움이 남는 부분도 있다. 동물 학대 규정과 관련하여, 여전히 현행법의 한계를 벗어나지 못하고 있다. 현행법은 동물을 죽이면 안 된다는 원칙을 규정하지 못하고, 학대 행위를 한정적으로 열거하는 형식을 고수해, 동물 학대의 처벌 범위가 너무 협소하다는 비판을 받아 왔다. 특히 현행법 제8조 제1항 4호 및 같은 조 제2항 4호의 경우, 시행규칙에서 '정당한 사유'를 규정하지 않고 '정당한 사유 없이 동물을 죽음에 이르게 하는 행위/ 정당한 사유 없이 고통을 주거나 상해를 입히게 하는 행위'를 규정하여 동물 학대의 성립범위를 현저히 축소시킨다는 비판을 받아 왔는데, 이번 개정에서 해당 행위들을 법률에 규정한 부분 역시 심히 우려된다.

현행법과 같은 체계에서 시행규칙이 올바르게 개정되었다면 즉, '정당한 사유'를 규정했다면 동물 학대 행위를 제대로 포섭하는 법률이 될 수 있었던 반면 이제는 법률에 열거된 좁은 범위의 동물 학대 행위만을 처벌할 수 있게 되었고, 현행법 제8조 제2항의 경우 시행규칙으로 '정당한 사유'를 규정하여 정당한 사유가 없는 상해를 모두 동물 학대에 포섭시킬 수 있는 여지 자체가 없어졌기 때문이다.

결국 현행법보다 동물 학대의 성립범위를 좁게 해석하게 될 여지를 남긴 셈인데, 개정법 시행 전에 이루어질 시행규칙 개정에서, '정당한 사유 없는 경우'를 규정한 현행 시행규칙의 기이한 형태를 벗어나 '정당한 사유'를 규정하는 방향으로 개선될 것인지 지켜봐야 할 것이다.

또한 동물 관련 주요 이슈인 개·고양이 식용 금지에 대한 내용이나, 등록대상 동물의 일원화, 반려동물의 범위 확대에 대한 내용이 담겨 있지 않은 점, 동물 학대 행위자가 유죄의 확정 판결을 선고받은 경우 동물사육 금지처분 판결을 내릴 수 있도록 한 최초 개정안 내용이 '소유권 보장'을 이유로 빠져 버린 점, 그리고 동물은 물건이 아니라는 내용의 민법 개정안이 마련됨에 따라 요청되는 동물의 구체적인 지위에 대한 내용, 동물 지위와 관련해 우리 사회가 견지해야 할 방향에 대한 내용이 담겨 있지 않은 부분도 아쉽게 느껴진다.

'생명 존중의 국민 정서를 기르고, 사람과 동물의 조화로운 공존에 이바지함을 목적'으로 하는 동물보호법이 11년 만에 전부개정에 이를 정도로 동물에 대한 우리 사회의 감수성이 성장했다는 것은 반가운 일이다. 그렇지만 아쉬운 점도 많이 남는 만큼 향후 동물보호법 개정에는 더욱 동물을 보호하고 동물의 복지와 권리를 보장하는 내용이 충실하게 담기기를 바란다. 앞으로 우리 모두가 계속 관심을 가진다면 가능한 일이 될 것이라 믿는다.

3부 인간과 동물의 행복한 공존을 꿈꾸며

4부 "동물은 물건이 아니다"

1부

평생을 함께할 친구,
반려동물 맞이하기

무책임하고
비인도적인 펫숍,
이래도 가실 건가요?

반려동물과 함께하는 사람들이 증가하면서 사료 등 반려용품을 판매하는 이른바 '펫산업'의 시장 규모가 커졌을 뿐 아니라 반려동물 자체를 사고파는 펫숍들도 성업 중이다. 그런데 이렇게 펫산업 규모가 커질수록 금전적인 이익만을 좇아 동물보호법에서 정한 '최소한'의 준수 의무조차 지키지 않는 악성업자들 역시 많아져 피해 사례가 증가하고 있다.

A씨는 전국에 체인점이 있는 펫숍에서 강아지를 분양받았는데, 얼마 가지 않아 이 강아지가 전염병에 걸렸다는 것을 알게 되었다. 이에 분양자는 펫숍에 항의했지만 펫숍은 분양 계

약서상 기재된 '보증기간' 15일을 넘겨 자신에게는 책임이 없다고 말했다. 또 피해자는 분양 당시, 펫숍 권유로 '보험'과 유사한 상품에 가입했다. 펫숍은 이 상품에 가입하면 분양받은 동물이 건강상 문제가 발생했을 때 펫숍과 연계된 병원에서 할인된 가격으로 신속하게 치료를 받을 수 있다고 이야기했다. 하지만 연계된 병원들 역시 '전염성이 있는 질병'은 치료가 어렵다고 이야기하거나, 할인된 가격이 아닌 높은 금액의 치료비를 부담해야 한다고 답변했다. 결국 펫숍에서 언급한 연계병원에서도 신속히 제대로 된 치료를 받지 못한 강아지는 폐사하고 말았다.

피해자는 이 같은 일이 발생하고 나서야 분양 계약서 등을 다시 한 번 꼼꼼하게 살펴보았고, 펫숍으로부터 받은 분양 계약서나 상품 약관에 문제가 많다는 것을 알게 되었다.

동물보호법의 맹점을 악용하는 펫숍

동물보호법 시행규칙 [별표 10] 반려동물 매매 계약서(예시)를 보면, 분쟁 해결 기준으로 "구입 후 15일 이내 폐사한 경우 동종의 애완동물로 교환 또는 구입 금액 환급(다만, 소비자의 중대한 과실로 인하여 피해가 발생한 경우 배상을 요구할 수 없음)"
이라고 기재되어 있다.

앞 사례의 펫숍 역시 이 기준을 분양 계약서에 그대로 적용하고 있었다. 그런데 보통 펫숍을 통해 분양 또는 매매되는 동물은 월령이 매우 어려 면역력이 온전히 형성되지 않은 상태고, 동물 생산지나 예방접종 유무에 따라 잠복기가 있는 전염성 질환에 걸릴 확률이 높다. 그러한 상황에서 구매자가 15일 이내 동물의 건강 상태를 정확히 파악하기는 어렵다. 그리고 개에게 가장 치명적인 3대 전염성 질환인 '코로나, 홍역, 파보'는 그 잠복기가 최장 2주까지도 이어진다. 질환을 확인할 수 있는 증상이 발현되었을 때는 이미 구입 후 15일을 넘길 수 있는 것이다. 이같은 상황에서 질병을 확인한 후 펫숍에서 안내받은 연계병원에 연락하더라도 제대로 신속한 진료를 받지 못한다면 결국 구매자는 아무런 보상도 못 받게 되는 결과가 생길 수 있다. 현행 동물보호법 시행규칙상 예시 계약서 역시 이와 같은 상황을 고려하면, 소비자와 판매자의 정보 비대칭과 판매자의 악용 가능성 등을 염두에 두지 않은 비현실적인 규정인 것이다.

의무는 피하고 불법을 일삼는
펫숍의 민낯

분양자는 해당 강아지가 분양 당시부터 건강 상태가 좋지 않던 것으로 보여 예방접종 기록이나 생산업자에 대한 정보를 요구했다. 그러나 해당 펫숍은 이마저도 주지 않았다. 동물보호법에 따르면 동물 판매업자는 동물의 출생일자, 생산업자의 업소명 및 주소, 예방접종 등 치료기록, 판매 시 건강 상태와 이를 증빙할 수 있는 서류 등의 내용을 포함한 계약서를 제공할 의무가 있다. 하지만 대부분 펫숍들은 판매 동물의 출생 정보나, 동물 생산(수입)업자에 대한 정보를 계약서에 미기재하거나 불분명하게 기재하면서 책임을 피하기에만 급급해 보인다.

동물보호법 시행규칙[별표 10]

2. 개별준수사항

나. 동물 판매업자

4) 동물 판매, 알선 또는 중개 시 해당 동물에 관한 다음의 사항을 구입자에게 반드시 알려 줘야 한다.

가) 동물의 습성, 특징 및 사육 방법

나) 등록대상 동물을 판매하는 경우에는 등록 및 변경 신고 방법, 기간 및 위반 시 과태료 부과에 관한 사항 등 동물등록제도의 세부 내용

5) 「소비자기본법 시행령」 제8조 제3항에 따른 소비자분쟁해결기준에

따라 다음의 내용을 포함한 계약서와 해당 내용을 증명하는 서류를 판매할 때 제공해야 하며, 계약서를 제공할 의무가 있음을 영업장 내부(전자상거래 방식으로 판매하는 경우에는 인터넷 홈페이지 또는 휴대전화에서 사용되는 응용 프로그램을 포함한다)의 잘 보이는 곳에 게시해야 한다.

가) 동물 판매업 등록번호, 업소명, 주소 및 전화번호

나) 동물의 출생일자 및 판매업자가 입수한 날

다) 동물을 생산(수입)한 동물 생산(수입)업자 업소명 및 주소

라) 동물의 종류, 품종, 색상 및 판매 시의 특징

마) 예방접종, 약물투여 등 수의사의 치료기록 등

바) 판매 시의 건강 상태와 그 증빙서류

사) 판매일 및 판매금액

아) 판매한 동물에게 질병 또는 사망 등 건강상의 문제가 생긴 경우의 처리방법

자) 등록된 동물인 경우 그 등록내역

또한 펫숍에서 '할인된 가격에 신속하고 질 높은 진료'를 받을 수 있다고 광고하며 판매한 '연계병원' 상품 역시 문제가 있다. 펫숍에서 구매자들을 특정 병원으로 유인하는 행위는 수의사법에서 금지하고 있는 '과잉 진료행위'로 볼 수 있다.

수의사법 시행령 제20조의 2 (과잉진료행위)

법 제32조 제2항 제6호에서 "과잉진료행위나 그 밖에 동물병원 운영과 관련된 행위로서 대통령령으로 정하는 행위"란 다음 각 호의 행위를 말한다.

5. 다른 동물병원을 이용하려는 동물의 소유자 또는 관리자를 자신이 종사하거나 개설한 동물병원으로 유인하거나 유인하게 하는 행위

그러나 펫숍과 연계병원 사이에 '종사관계'가 있다는 점을 입증하기 어렵고, 입증한다 해도 펫숍을 처벌하는 규정이 없다는 점을 악용해 여전히 이 같은 '연계병원 상품' 판매가 성행하고 있는 것이다. 이와 같은 '연계병원'을 이용할 경우, '연계병원'은 병원비라는 금전적 이득을 얻는 대신, 병원에 이득을 주는 펫숍에서 문제 있는 동물을 판매했다는 점을 '은폐'해 주는 경우도 있다고 한다. 하지만 이렇게 문제 소지가 다분한 행위를 광고하며 버젓이 동물을 판매하고, 동물이 질병에 걸려 연계병원에 문의하면 제대로 된 치료조차 받을 수 없는 상황이 발생하기도 한다.

— * * * —

해당 사건은 결국 법원의 조정을 통해 분쟁이 종결되었다.

그러나 유사 피해는 여전히 발생하고 있다. 현행법상 동물을 판매하는 영업 자체가 불법이 아니기에 펫숍에서 반려동물을 구매하는 행위를 아예 막을 수는 없다. 반려동물을 가족으로 맞이하는 일은 많은 고민을 해야 하지만, 그 고민 끝에도 펫숍에서 반려동물을 데려오기로 했다면 적어도 이런 분쟁의 소지가 있다는 점을 사전에 인지하고 있는 것이 중요하다. 또 판매자가 영업자의 준수 의무를 잘 이행하고 있는지, 그리고 구매한 동물에게 문제가 생겼을 때 판매자가 분쟁을 잘 해결할 의지가 있는지 꼼꼼하게 확인해야 한다. 그렇지 않으면 가족으로 맞이한 소중한 생명에게 어떤 문제가 생겼을 때 제대로 된 대처도 하지 못한 채 앞선 사례처럼 가슴 아픈 일을 겪을 수 있다.

이 문제는 비단 펫숍을 이용하는 사람들만 주의해서 해결될 문제는 아니다. 관련 법 역시 좀 더 실효성 있는 방향으로 관련 규정을 개정할 필요가 있다. 그리고 동물 관련 영업자들 역시 보다 높은 책임 의식을 가지고 의무를 준수해야만 유사 피해가 발생하지 않을 것이다.

가족 같은 반려동물, 택배로 맞이한다고요?

'반려동물'이라고 하면 어떤 동물이 떠오르는가? 예전에는 개나 고양이 정도였다면 최근에는 토끼, 햄스터와 같은 소동물뿐 아니라 열대어, 금붕어 같은 어류나 도마뱀, 거북이 같은 파충류까지 사람들이 '반려동물'로 키우고 있는 동물의 종류가 다양해졌다.

사람들은 이런 이색동물을 어떠한 방법으로 '반려동물'로 맞이하게 될까? 인터넷에 검색해 보면 아주 쉽게 이런 동물을 사고 파는 사이트나 게시글을 찾아볼 수 있다. 온라인으로 동물을 '주문'하고 이를 '택배' 형태로 '배송' 받는 것이다. 파충류 등을 전문으로 파는 사이트에서는 '당일배송을 원칙으로 하고, 동물에게 스트레스를 주지 않도록 최선의 조치를 다해 배송하고 있다'고 광고하기도 한다. 그러나 아무리 '당일배송'을 원칙으로 하고 업체가 '필요한 조치'를 다했더라도 작은 박스 안에 갇혀 최소 몇 시간 많게는 며칠 동안 추위와 더위에 고스란히 노출되어, 먹이도 제대로 먹지 못하는 상태에 놓인 동물이 신체적 고통과 스트레스를 받지 않을 리 없다. 그럼에도 우리 동물보호법상 파충류나 어류 등의 동물은 보호의 사각지대에 놓여 있어, 이와 같은 판매와 배송행위를 적절하게 규제하기 어려운 실정이다.

동물보호법상 '반려동물'의 범위 확대해야…

현행 동물보호법은 동물을 "고통을 느낄 수 있는 신경체계가 발달한 척추동물"로서 구체적으로는 포유류, 조류와 파충류, 양서류, 어류 중 대통령령으로 정해진 종류라고 규정하고 있다. 그런데 그중 '반려동물'은 반려의 목적으로 기르는 개, 고양이, 토끼, 페럿, 기니피그, 햄스터 여섯 종류로만 한정하여 규정하고 있다. 반려동물 수가 늘면서 종류도 다양해졌지만 현행 동물보호법은 이와 같은 현실을 제대로 반영하지 못하고 있는 것이다.

만일 파충류, 양서류, 어류도 '반려동물'에 속한다면 이러한 동물을 판매하려는 자는 동물보호법 제9조의 2에 따라 동물 구매자에게 동물을 직접 전달하거나 법에서 정한 영업자의 의무를 준수하는 '동물 운송업자'를 통해서만 배송해야 하고 이를 어길 경우 300만 원 이하의 과태료 처분을 받을 수 있다. 이처럼 명확한 과태료 처분 규정이 있는 제9조의 2와 달리, 파충류, 양서류, 어류 등은 '반려동물'에 속하지 않기 때문에 동물 운송과 관련하여 동물보호법 제9조가 적용되고, 제9조 1항 내 1~3호 규정에는 위반되더라도 처벌 근거가 없다. 따라서 살아 있는 파충류 등을 일반 화물처럼 배송하더라도 이를 제재하기 어렵다 (농림축산검역본부고시로 정하여 권고하고 있는 동물운송 세부규정 역시 동물보호법 제2조 제1호 '포유류'와 제2호 '조류'에 한하여 적용하고 있으므로 파충류 등은 여전히 보호대상이 아니다). 물론 파충류 등이 '반려동물'이 아니더라도 운송 과정에서 고의로 동물을 다치게 하거나 고통을 주어 '학대'했다고 판단될 경우 이를 처벌할 수는 있겠지만 학대 사실을 입증하기는 매우 어렵다고 할 수 있다.

그뿐 아니라 반려동물에서 제외된 동물의 경우 열악한 사육 시설도 규제하기 어렵다. 최근 파충류를 반려동물로 기르려는 수요가 많아짐에 따라 파충류가 알을 많이 낳도록 암컷 다수와 수컷을 계속해서 한 공간에 몰아넣고 짝짓기를 하게 하는 소위 '알공장'이 성업 중이라고 하는데, 이는 불법 개농장의 행태와 별반 다르지 않다. '반려동물' 판매업자는 동물보호법에 정한 바에 따라 관할관청의 허가를 받아야 하고 동물보호법 제32조, 제38조, 같은 법 시행규칙 제35조에 따라 영업자의 의무사항을 준수하지 않으면 영업을 취소시킬 수도 있다. 하지만 현재 파충류 판매업은 등록·허가가 필요 없는 자유업이라 그 시설을 제대로 파악하는 것조차 어렵다.

　도마뱀이나 거북이 등은 개나 고양이와 비교할 때, 거주 공간의 제약도 덜 받고 울음소리나 생활소음으로 인한 부담도 없다 보니 앞으로 점점 더 '반려동물'로서의 관심이 높아질 것으로 예상된다. 그럼에도 변화된 현실을 제대로 반영하지 못한 허술한 법 규정으로 인해 이 동물들이 택배 차량 안에서 폐사하거나, 이유 없는 번식행위를 반복해야 하는 등으로 보호받지 못한다는 것은 참으로 안타까운 일이다. 동물보호법상 '반려동물'로 규정되어 있지 않지만 이러한 동물들 역시 '고통을 느낄 수 있는 신경체계가 발달한 척추동물'에 해당함을 인지하여 '반려동물'의 범위를 확대하는 것이 필요해 보인다. 또한 이러한 동물들 역시 판매를 목적으로 전달할 때는 원칙적으로 구매자에게 직접 전달하도록 하고, 예외적으로 운송업자를 통한 배송의 경우에도 각 동물의 특성에 맞는 운송방법을 고안하여 이를 법으로 명시하도록 해야 할 것이다.

— * * * —

'반려'는 '인생에 짝이 되는 동무'라는 뜻이다. 이색적이고 희귀한 동물에 대한 단순한 호기심에서 충동적으로 이러한 동물을 '반려동물'로 맞이하는 것은 '반려'의 의미에 맞지 않는 것이 아닐까? 진정으로 그 동물을 '반려동물'로 맞이하려고 한다면 적어도 인터넷 검색을 통해 동물을 구매해서 택배로 배송 받는 것보다는, 직접 동물이 있는 곳에 가서 소중한 내 동무를 맞이해 주는 것은 어떨까.

안전한 반려동물 위탁시설 고르는 법

　명절이나 휴가철이 되면 반려인들에게 가장 큰 고민은 반려동물 맡길 곳을 찾는 일이다. 물론 함께 이동하는 것이 가장 좋은 선택이겠지만 현실적으로 그러기 어려운 보호자들에겐 근심이 한가득할 것이다. 그런 반려인들에게 한 줄기 빛 같은 존재는 '애견 호텔', '고양이 호텔' 등 동물위탁시설이다.

　2017년 동물보호법 제32조 제1항 제6호에 '동물위탁관리업'이 신설되기 전까지 동물위탁시설을 규제하는 국내법은 존재하지 않았다. 하지만 관련 조항이 동물보호법 내에 신설된 후인 2018년부터 위탁시설 영업자°들은 영업시설을 관할 시장·군수·구청장에게 등록할 의무를 지고, 각종 규제를 받게 되었다.

그러나 개정법 시행 이후에도 일부 불법 무등록 업체는 여전히 영업을 하고 있었다. 개정법 시행 직후인 2018년에는 관할 관청에 아무런 등록을 하지 않고 고객에게 요금을 받아 위탁업을 운영한 업자들이 적발돼 올해 4월 제주지방법원, 5월 창원지방법원에서 벌금형을 선고받았다. 그뿐 아니라 지난 8월 27일, 대구의 한 애견 호텔에 맡긴 반려견이 코피를 흘리며 죽었다는 글이 소셜 미디어에 올라와 큰 파문이 일었다. 이런 소식에 아이를 위탁시설에 맡겨야 하는 반려인들의 불안감이 커지고 있다.

안전한 반려동물 위탁시설, 어떻게 확인할까?

반려인들이 조금 더 안전한 위탁시설을 고르기 위해서는 어떤 부분을 알아야 할까? 우선 동물위탁관리업자들은 영업 등록을 하기 위해서 일정한 자격 요건을 갖추어야 한다.

동물보호법 제33조 [영업의 등록]

제33조[영업의 등록] ① 제32조 제1항 제1호부터 제3호까지 및 제5호부터 제8호까지의 규정에 따른 영업을 하려는 자는 농림축산식품부령

• 반려동물 소유자의 위탁을 받아 반려동물을 영업장 내에서 일시적으로 사육, 훈련 또는 보호하는 영업을 하는 사람

으로 정하는 바에 따라 시장·군수·구청장에게 등록하여야 한다.

[생략]

④ 다음 각 호의 어느 하나에 해당하는 경우에는 제1항에 따른 등록을 할 수 없다. 다만, 제5호는 제32조 제1항 제1호에 따른 영업에만 적용한다.

1. 등록을 하려는 자(법인인 경우에는 임원을 포함한다. 이하 이 조에서 같다)가 미성년자, 피한정후견인 또는 피성년후견인인 경우

2. 제32조 제1항 각 호 외의 부분에 따른 시설 및 인력의 기준에 맞지 아니한 경우

3. 제38조 제1항에 따라 등록이 취소된 후 1년이 지나지 아니한 자(법인인 경우에는 그 대표자를 포함한다)가 취소된 업종과 같은 업종을 등록하려는 경우

4. 등록을 하려는 자가 이 법을 위반하여 벌금형 이상의 형을 선고받고 그 형이 확정된 날부터 3년이 지나지 아니한 경우. 다만, 제8조를 위반하여 벌금형 이상의 형을 선고받은 경우에는 그 형이 확정된 날부터 5년으로 한다.

5. 다음 각 목의 어느 하나에 해당하는 지역에 동물장묘시설을 설치하려는 경우

가. 「장사 등에 관한 법률」 제17조에 해당하는 지역

나. 20호 이상의 인가밀집지역, 학교, 그 밖에 공중이 수시로 집합하는 시설 또는 장소로부터 300미터 이하 떨어진 곳. 다만, 토지나 지형의

상황으로 보아 해당 시설의 기능이나 이용 등에 지장이 없는 경우로서 시장·군수·구청장이 인정하는 경우에는 적용을 제외한다.

같은 업종을 운영하다 등록이 취소된 자는 1년 이내, 동물보호법을 위반한 자는 3년, 그중 동물 학대를 한 자는 5년 동안 동물위탁업 등록을 할 수 없다. 또한 동물보호법 시행규칙에서 정한 '시설 및 인력 기준'을 갖추어야 하는데, 시설 및 인력 기준 중 하나라도 충족하지 못하고 있다면 등록을 하지 않았거나, 법령을 위반하고 있다고 볼 수 있다. 반려인들이 이 기준에 대해 알고 있다면, 안전하지 못한 위탁시설을 미리 파악할 수 있을 것이다. 위탁시설 이용을 계획 중이라면 위탁시설 방문 시 아래 여섯 가지 요건을 꼭 확인해 보기 바란다.

동물보호법 시행규칙 제35조 제2항

① 동물의 위탁관리실과 고객 응대실이 분리되어 있는가?

② 위탁관리하는 동물을 위한 개별 휴식실 및 사료와 물을 주기 위한 설비를 갖추고 있는가?

③ 위탁관리하는 동물이 밖으로 나가지 않도록 출입구에 '이중문'과 '잠금장치'가 있는가?

④ 동물병원을 함께 운영하는 경우 위탁관리실과 입원실이 분리되어 있는가?

⑤ 위탁관리실에 동물의 상태를 확인할 수 있는 폐쇄회로 녹화장치
(CCTV)가 설치되어 있는가?

⑥ 개 또는 고양이 20마리당 1명 이상의 관리 인력이 있는가?

또한 동물위탁관리업 등록 여부는 동물보호관리 시스템 홈
페이지에서도 온라인으로 확인할 수 있다. 시설을 찾아가기 전
에 미리 등록 여부를 확인해 보고, 직접 찾아가서 한 번 더 시설
및 인력 기준을 확인한다면 해당 업체가 안전한 곳인지 확실히
알 수 있을 것이다.

더 안전한 반려동물 위탁시설을 위한 제언

반려동물을 홀로 두고 떠나야 하는 반려인의 마음에는
미안함과 불안함이 가득할 것이다. 어떻게 하면 동물위탁관리
업체가 동물 학대, 방치의 장소가 되는 것을 막을 수 있을까?

1. 체계적인 교육 시스템과 엄격한 이수 의무 부과

가장 먼저 동물위탁관리업 영업자들과 종사자들이 더 엄격
하고 강화된 교육을 이수하도록 제도화할 필요가 있다. 성향이
다양한 여러 마리의 동물을 사육, 훈련, 보호하면서 돈을 받는
동물위탁업체는 보호자들보다 반려동물을 더 잘 이해해야 하

고, 능숙하고 전문적으로 다룰 수 있어야 한다. 현행법상으로는 동물위탁관리업을 등록한 후 1년 이내에 3시간 교육을 이수하게 되어 있다. 하지만 이는 사후 교육에 불과하고, 교육 시간도 3시간에 그쳐 동물위탁관리업을 운영하는 데 필요한 지식과 능력을 얻기엔 턱없이 부족하다.

특히 요즘 많은 업체가 자신들은 '훈련사' 자격이 있는 사람을 고용하고 있다고 광고한다. 그런데 훈련사 자격증은 국가공인자격증으로 통일되어 있지 않고, 자격증을 획득하는 과정도 확인하기 어려운 경우가 많다. 따라서 보호자들이 반려동물을 안심하고 맡길 수 있도록 체계적인 교육 시스템을 만들어 반려동물 관련 상식, 교육법, 기본적인 응급처치, 동물 학대 예방에 대한 교육이 이루어져야 한다.

2. 동물 학대범의 영업 및 취업 금지

반려동물 영업자가 동물보호법 위반으로 벌금형 이상의 처벌을 받으면 3년 또는 5년간만 등록을 금지하는 현행법을 더 강화해야 할 필요도 있다. 2019년 7월에 나온 사법연감에 따르면 실제로 동물보호법 위반 사건은 약 70%가 벌금형 이하의 형에 그치고, 아예 처벌을 받지 않는 경우도 많다. 이런 현실에 비추어 볼 때 반려동물 영업자가 동물보호법 위반으로 벌금형 이상의 처분을 받는다는 건 상당한 수준의 학대가 있다는 것으로 볼 수 있다. 이러한 사람이 또다시 쉽게 동물위탁관리업을 할 수 없도록 해당 업종 종사를 10년 이상 금지하거나 완전히 금지하는 방안을 도입해야 한다.

그뿐 아니라 3년간 혹은 5년간 등록 금지는 영업자, 즉 사장에게만 적용되는 것일 뿐이기에 사장이 타인의 명의를 빌려 영업하거나 동물 학대 전과자가 직원으로 채용되는 것을 막을 수 없다. 따라서 이를 피고용인의 자격까지 제한하도록 범위를 확대하고, 직원의 학대 행위가 있을 때는 영업자가 관리·감독 부실에 대한 책임을 질 수 있는 장치도 마련해야 한다.

· · · ·

가족과 같은 반려동물을 믿고 맡긴 업체에서 부실한 관리 때문에, 심지어 고의적인 학대로 아이가 사고를 당하거나 죽음에 이르게 되었을 때, 그 보호자의 마음은 어떠할까. 차마 상상조차 하기 어렵다. 휴가철마다 부디 그 어떤 사람도 반려동물도 다치지 않고 모두가 행복하게 보낼 수 있기를 바라 본다.

편견을 부추기는 '유기견'이라는 말, 이제는 바뀌어야 한다

우리나라에서 반려견을 가족으로 맞이하는 방법은 꽤 여러 가지가 있다. ① 펫숍, 가정 분양, 전문 브리더 등 동물 판매업자로부터의 구매 ② 가족·지인이 키우던 강아지 혹은 키우던 강아지가 낳은 새끼를 양도받는 경우 ③ 지자체 동물보호센터 또는 민간 동물보호단체를 통한 입양 ④ 피학대 동물이나 유기된 동물을 직접 구조하여 입양하는 경우 등이다. 그럼에도 불구하고 최근에는, 특히 유기견 입양에 사회적 관심이 커져서 그런지 반려견 입양 과정에 따른 분류가 '유기견'과 '그 외의 강아지', 두 가지로 분류되는 것 같기도 하다. 앞에서 ③, ④의 경우를 '유기견 입양'이라 일컫지만, 다른 경로를 통한 입양에는 특별히 이를 널리 지칭하는 단어가 떠오르지 않는 것을 보면 그렇다.

'유기견, 유기묘'라는 명칭은 동물보호법상 용어는 아니다. 법에서 정한 용어는 '유기·유실동물'이며, 이는 '도로·공원 등의 공공장소에서 소유자 등이 없이 배회하거나 내버려진 동물'을 뜻한다. 한편, 소유자의 유무와 관계없이 사람으로부터 학대받은 동물은 '피학대 동물'이라 지칭하고 있다.

동물보호법 제4조 [국가·지방자치단체 및 국민의 책무]

2. 다음 각 목에 해당하는 동물의 관리에 관한 사항

가. 도로·공원 등의 공공장소에서 소유자 등이 없이 배회하거나 내버려진 동물[이하 "유실·유기동물"이라 한다]

나. 제8조 제2항에 따른 학대를 받은 동물 [이하 "피학대 동물"이라 한다]

유실·유기동물 및 피학대 동물 중 소유자를 알 수 없는 동물은 동물보호법 제14조에 따라 지자체의 구조·보호조치 대상이 되며, 구조가 된 후에 해당 동물은 '보호조치 중인 동물'이 된다. 그러다 구조 후 공고 기간이 지나면 보통 법에 따라 지자체가 동물의 소유권을 취득하고 분양을 진행하게 된다. 분양·기증의 대상이 되는 것은 이와 같이 지자체가 '소유권을 취득한 동물'이며, 분양이 되면 당연히 소유권은 지자체에서 새로운 보호자에게로 이동하고, 해당 동물은 '반려동물(반려 목적으로 기르는 개 등)'이 된다.

법률 용어의 정의에 따라 엄밀히 말하자면, 유기견은 유기를 당한 시점부터 구조 여부와 관계없이 '유기동물'로서의 신분을 갖게 되지만, 구조 후 최소한 공고 기간이 종료되고, 법에 따라 지방자치단체가 소유권을 취득한 시점부터는 더 이상 '유기견'이 아니다. 민간단체나 개인이 직접 구조한 유기견이라면 민법 제252조(무주물의 귀속) 또는 제253조(유실물의 소유권 취득)에 따라 민간단체나 개인이 소유권을 취득한 시점부터 '유기견'이 아닌 것이다.

민법 제252조 [무주물*의 귀속]

① 무주의 동산을 소유의 의사로 점유한 자는 그 소유권을 취득한다.

② 무주의 부동산은 국유로 한다.

③ 야생하는 동물은 무주물로 하고, 사양하는** 야생동물도 다시 야생 상태로 돌아가면 무주물로 한다.

---

* 　주인이 정해지지 않은 물건
** 　'가축이나 짐승이 건강하게 잘 자라고 생산을 잘하도록 하다'라는 뜻

민법 제253조 [유실물의 소유권 취득]

유실물은 법률에 정한 바에 의하여 공고한 후 6개월 내에 그 소유자가 권리를 주장하지 아니하면 습득자가 그 소유권을 취득한다.

또한 동물보호센터, 특히 민간 동물보호단체에서 입양을 기다리는 모든 강아지가 '유기견'인 것은 아니다. 보호자의 사망·질병 때문에 구조된 동물, 보호자가 찾지 못한 유실동물도 있고, 보호 중인 강아지가 출산을 하면 그 새끼들에 대한 소유권은 같은 소유자에게 귀속되므로 태어날 때부터 소유자가 존재하는 강아지들도 있다.

새로운 보호자가 생기게 되면 유기견은 더 이상 '유기견'이 아니라는, 굳이 법조문을 보지 않아도 알 수 있는 당연한 이야기를 지루하게 풀어낸 것은 이 글이 법률적인 내용을 담고 있어서이기도 하지만 뒤에서 할 이야기에 이론적 근거를 부여하고 싶어서다.

— • • • —

특정 용어가 가지고 있는 부정적인 뉘앙스나 의미는 용어가 지칭하는 대상에 대한 사회적 편견을 유발하고, 용어의 변경이 인식의 변화에 긍정적 영향을 미칠 수 있다는 사실은 이미 널리 공감대가 형성되어 있다. 같은 맥락에서 우리는 '편부모가족'을 '한부모가족'으로, '금치산자, 한정치산자'를 '성년후견, 한정후견'으로 변경한 바 있다. 또 '치매'를 '인지저하증'으로 변경하려 하며, 동물권 운동에서도 '애완동물'을 '반려동물'로, '도둑고양이'를 '길고양이'라는 용어로 바꾸는 데 성공한 바 있다.

같은 이유로 이제는 '유기견'이라는 용어를 다른 단어로 바꾸어 보는 것은 어떨까.

영어로 유기견은 'abandoned dog', 피학대견은 'abused dog'인데, 해외에서는 유기나 학대를 이유로 보호소에 들어와 입양을 기다리는 강아지들을 'rescue dog'라고 부른다. '구조된 강아지' 정도로 번역할 수 있겠다. 보호소는 'shelter(쉼터)'나 'rescue organization(구조단체)', 입양은 우리와 마찬가지로 'adoption'으로 쓰지만, 새로운 가정을 찾아 준다는 의미로 're-home'이라 하기도 한다.

'유기'는 사전적으로 '내다 버림'을 뜻하는 명백한 부정적 단어이고, 동물뿐 아니라 사람을 유기한 행위에도 형법상 '유기죄'가 존재하듯, 범죄행위를 지칭하는 단어이기도 하다. 강아지는 스스로 보호를 거부한 것이 아니라 사람에게 유기를 '당했을' 뿐인데, 왜 유기견이라 불리고 버려졌다는 꼬리표를 붙인 채 살아가야 하는 걸까. 물론 강아지가 언어를 이해할 수 있는 것은 아니지만, 그렇게 지칭되면서 생긴 사회적 편견으로 입양의 기회가 줄어들거나 새로운 보호자에게 상처가 되는 것은 아닐까. 유기견을 입양한 사람에 대한 응원의 시선이 부쩍 늘어난 것이 사실이지만, 여전히 우리 주변에는 '유기견 출신이면 …겠네'라는 편견 섞인 말로 보호자의 기분을 상하게 하는 일이 종종 있다고 한다.

'유기견' 대신 어떤 말을 쓰면 좋을까 온종일 생각해 보았지만 좋은 말이 떠오르지 않는다. 시기상조일 수도 있고, 불필요한 논의일 수도 있겠지만 말이다. 보호소강아지? 아니야 우리나라에서 '보호소'는 부정적 느낌이 있어…. 구조견? 구조 훈련을 받은 강아지와 헷갈리지…. 예비반려견? 반려준비견? 준반려견?…

무엇이라 불리든 무엇이라 불리지 않든, 길 위의 그리고 보호센터의 동물들이 따뜻하고 책임감 있는 보호자를 만나 여생을 행복하게 보내기를 바라는 마음은 모두가 같을 것이다.

'사지 말고 입양하기' 위한 합리적인 입양 심사 조건

'사지 말고 입양하기' 위하여 유기동물을 입양하는 데에는 크게 두 가지 경로가 있다. 법에 따라 설치 또는 지정된 동물보호센터에서 동물을 입양하는 것과(이는 동물보호법 제21조를 근거로 한다) 개인 또는 그 외의 민간단체가 구조·보호하고 있는 유기동물을 입양하는 것이다.

전자의 경우 관련 법령 및 행정규칙에서 정한 절차에 따라 입양이 진행되지만, 후자의 경우는 동물의 '매매' 내지 '증여'에 해당하는 사적 계약이다. 따라서 당사자는 유기동물의 입양에 대해 자유롭게 그 여부 및 조건을 결정할 수 있다. 그런데 일부 단체가 입양 과정에서 주민등록번호나 입양 희망자의 사생활을 지나치게 침해할 수 있는 정보를 요구하고 있다는 내용의 보도가 나오고 있다.

지나친 사적 정보 요구, 위법일까?

앞서 살펴본 바와 같이 입양을 보내려고 하는 개인 또는 단체가 이미 해당 동물의 소유권을 적법하게 보유하고 있다면, 이는 사인 간의 매매 내지 증여계약에 불과하므로 입양 희망자에게 다양한 사전 정보 제공 요구, 사후관리 조사에 응할 의무 등을 계약 내용에 포함시킬 수 있다. 입양 희망자는 이를 얼마든지 거절하고 계약을 체결하지 않을 수 있기 때문이다.

다만 개인정보보호법 제24조의 2 제1항에서 원칙적으로 개인정보처리자˚의 주민등록번호 처리를 금지하고 있어, 다른 법령에서 주민등록번호의 처리를 요구하는 경우 등이 아닌 이상 주민등록번호는 수집할 수 없다. 동물의 분양 과정에서 상대방의 주민등록번호를 수집하는 것은 법령상 근거가 없으므로 위법하다. 단, 상대방의 신분을 확인하기 위하여 단순히 주민등록

˚　업무를 목적으로 개인정보파일을 운용하기 위하여 스스로 또는 다른 사람을 통하여 개인정보를 처리하는 공공기관, 법인, 단체 및 개인 등을 말한다. 여기서 개인정보파일이란 개인정보를 쉽게 검색할 수 있도록 일정한 규칙에 따라 체계적으로 배열하거나 구성한 개인정보의 집합물을 뜻한다.

증을 육안으로 확인하는 것은 주민등록번호의 처리에 해당하지 않는다. 또한 유기동물의 분양 '업무'를 위하여 타인의 개인 정보를 처리하는 자는 같은 법에 따른 '개인정보처리자'에 해당할 수 있으므로, 입양(희망)자의 개인정보 수집·이용·보관·파기 과정에서 법령이 정한 기준 및 절차를 준수해야 한다.

합리적이고 표준화된 입양 심사 기준 마련해야…

안타깝게도 한국에서는 아직 누구나 돈만 지불하면 펫숍에서 자신이 원하는 동물을 '구매'할 수 있다. 동물보호법 시행규칙에서 동물 판매업자가 작성하도록 하고 있는 '반려동물 매매 계약서'에서는 구매자인 '소비자'를 보호하기 위하여 매매 금액, 품종·나이 등 동물의 기본 정보와 건강에 관한 사항, 판매자와의 분쟁 해결기준에 대한 내용만 포함하고 있다. 동물 판매업자는 구매자의 사육 능력 내지 사육환경에 관한 정보는 아무것도 확인할 의무가 없다. 그나마 개정법에는 구매자의 명의로 동물 등록을 신청한 후에 판매해야 한다는 규제가 추가되었을 뿐이다.

이와 달리 유기견 분양 과정에서나마 동물을 키울 '자격' 내지 '환경'이 갖추어져 있는지를 꼼꼼하게 확인하고 사후관리까지 하는 문화가 자리 잡고 있다는 것은 분명히 반길 만한 일이다. 다만 동물 입양에 대한 올바른 인식을 형성하기 위해서는 분양자와 입양자 모두가 수긍할 수 있는 어느 정도 표준화된 기준점을 만들어 내는 일 또한 필요하다. '가족 구성원'에 대한 내용을 확인하는 것은 대부분 수긍할 만한 기준일 것이나, '이혼 여부'를 확인하는 것은 불필요하고 불쾌한 일일 것이고, '혼자 사는 출퇴근 직장인'이라는 점이 때에 따라 결격 사유가 될 수는 있겠으나, 단순히 혼자 산다는 이유로 '파양할 수 있다'고 평가하는 것은 적절하지 않은 것과 같다.

어느 정도 합리적인 기준을 마련하기 위해서, 공공보호소에 적용되는 '동물보호센터 운영 지침' 제19조에서 정하고 있는 '동물 분양 절차 및 사후관리'에 대한 내용을 충분히 참고해 볼 만하다(다음 기준이 현장에서 얼마나 잘 지켜지고 있는가는 다른 영역의 문제이니 언급하지 않겠다).

동물보호센터 운영 지침 제19조 [동물의 분양 절차 및 사후관리]

② 센터의 운영자는 다음 각 호의 절차에 따라 동물을 분양하여야 한다.

1. 분양희망자의 신분 확인

2. 분양희망자에 대하여 별지 제5호서식의 '분양설문지' 및 별지 제6호서식의 '분양신청서' 작성

3. 분양 동물을 적절하게 사육·관리할 수 있는지 평가하고, 분양희망자에게 적합한 동물을 추천

4. 동물의 건강 상태·특성에 대해 설명, 목줄 사용, 인식표 부착, 외출 등 안전조치에 대한 교육을 실시

5. 등록대상동물의 경우 내장형으로 등록한 후 분양·기증

6. 분양 시, 중성화 수술에 동의하는 자에게 우선 분양하여야 하며, 중성화 수술에 동의하지 않고 분양받은 자에게 중성화 수술 등을 권고할 수 있다.

7. 1인당 3마리(연간 10마리)를 초과하여 분양할 수 없고 1차 분양 후 사육환경 및 사후관리에 관한 정보를 제공하지 않는 경우 분양을 제한할 수 있다. 다만, 농림축산식품부에 등록된 동물보호단체의 추천을 받은 경우 분양두수 제한을 적용하지 않는다.

③ 센터의 운영자는 유기동물을 분양받는 자에 대하여 별지 제7호서식의 부양확인서를 작성하도록 하여야 한다.

④ 센터의 운영자는 분양 후 전화, 이메일 또는 방문을 통하여 사후관리를 할 수 있다.

⑤ 센터의 운영자는 분양받은 자가 분양준수사항(별지 제7호 서식)을 위반하였을 경우 재부양을 금지할 수 있으며, 법 위반사항에 대해서는 관할 지자체에 통보하여 법 제46조 및 제47조에 따라 과태료 부과, 고발 등의 조치를 할 수 있도록 하여야 한다.

위 지침의 분양설문지 및 분양신청서의 구체적인 내용을 살펴보면, 분양 희망자에 대한 개인 정보는 기본적인 인적사항 및 동물의 사육과 직결되는 주거환경(주거형태, 가족 구성) 정도에 그치고 있으며, 대부분의 내용은 동물을 분양받고자 하는 이유, 동물을 키워 본 경험 및 그 내용, 가족 구성원의 동의 여부, 동물 사육 시 준수 사항에 대한 준수 서약으로 이루어져 있다. 이와 같은 내용은 개인이나 민간단체에서도 충분히 활용할 수 있는 수준이라고 생각되며, 추가로 직접 사전 방문 또는 사후관리가 가능한 단체라면 합리적인 수준의 관리에 응할 의무를 입양 계약서에 포함시키는 것도 가능할 것이다.

심사 기준의 강제적 적용은 신중하게

만약 합리적인 수준의 입양 심사 조건을 마련했다면 이를 모든 보호소에 따르도록 강제할 수 있을까? 이는 또 다른 문제다. 유기동물의 구조·보호 및 분양을 위한 공공 인프라가 유기동물의 숫자에 비하여 여전히 턱없이 부족하고, 공장식 동물 생산 및 판매가 바람직하지 않다는 사회적 인식이 완전히 자리 잡지 않은 현실에서, 국가의 아무런 지원도 받지 못하는 민간단체에 일방적인 의무를 지우는 것은 공익활동을 위축시키는 결과를 낳을 수도 있기 때문이다. 현재로서는 어느 정도 표준

화된 기준을 마련하고, 그것을 보호소들이 따르도록 권고하는
정도가 가장 현실적인 타협점이 아닐까 싶다.

* * * *

최근 몇 년 사이 사설보호소의 후원금 사기, 동물 방치 등의
문제에도 법적인 규제를 도입해야 한다는 의견이 반복 제기되
고 있지만 이는 단순히 규제를 신설해 해결할 수 있는 문제들이
아니라고 본다. 한쪽에서는 동물이 끊임없이 생산·판매되는 동
시에 다른 한쪽에서는 유기·안락사 될 수밖에 없는 근본적인 시
스템을 개선하지 않는 한 이러한 문제들은 계속해서 발생할 것
이고, 근본적인 문제를 해결하지 않은 채 지엽적인 규제를 추가
하는 것은 국민의 세금만 낭비할 뿐이다.

파양자도
입양자도
속이는
신종 펫숍의 실체

보호자들은 모두 반려동물의 처음부터 마지막까지 모든 순간을 함께할 수 있기를 꿈꾼다. 그러나 어쩔 수 없이 혹은 부득이하게, 피치 못할 사정으로 반려동물을 보내야 하는 일이 발생할 수 있다. 보호자는 자기만 바라보는 반려동물을 생각하면 너무 마음이 쓰여서 '내가 이뤄 주지 못한 행복을 누군가 이뤄 주기를' 바란다. 그런데 요즘 이런 보호자의 심정을 이용한 '신종 펫숍'이 등장하여 문제가 되고 있다.

신종 펫숍은 보호소나 보육원이라는 명칭으로 파양한 반려동물, 주로 반려견이 입양 갈 때까지 안락사 없이 돌봐 준다며 보호자들에게 수백만 원의 '파양 비용'과 '반려동물'을 받고, 반려동물의 소유권을 포기하는 계약서를 작성하게 한다. 이때 파양된 반려동물은 사람들의 눈에 잘 띄지 않는 곳에 두고, '유기견이 아닌 파양견 분양'을 광고하면서 버젓이 품종견과 품종묘를 '판매'하고 있다.

동물보호법의 적용을 받지 않는 신종 펫숍

동물보호법에서는 반려동물과 관련된 영업을 하려는 자는 동물보호법 시행령이 정하는 기준에 맞는 시설과 인력을 갖추도록 하고 있다. 영업 범위에는 '동물 판매업'도 포함되는데, 다만 동물보호법 시행규칙에서 동물 판매업은 반려동물을 '구입'하여 판매 또는 알선·중개하는 경우로 정하고 있다. 이 중 '구입' 부분이 문제가 된다. 구입에는 '사다'라는 의미가 포함되어 있어 보호자에게 무상으로, 오히려 파양비를 받고 반려동물을 취득한 신종 펫숍은 그 동물을 돈을 받고 다시 판매하더라도 동물 판매업에 해당하지 않는다. 따라서 동물보호법에 따른 제재를 가하기 어려운 상황이 발생하게 된다. 신종 펫숍은 동물보호법과 파양을 원하는 보호자들의 허점을 파고든 것이다.

이처럼 신종 펫숍은 '동물보호법'의 적용을 받지 않기 때문에, 신종 펫숍 영업에는 민법이나 상법을 적용해 법률관계를 따져 봐야 한다.

파양 계약은 우리 민법이 정한 '부담부 증여' 계약에 해당한다. 증여란, 당사자 일방이 무상으로 재산을 상대방에게 수여하는 의사를 표시하고, 상대방이 이를 승낙함으로써 효력이 생기는 계약(민법 제554조)을 뜻한다. 그중 '부담부 증여'는 증여에 상대방이 이행해야 하는 의무가 있는 경우(민법 제561조)를 말한다. 반려동물을 파양하는 보호자들이 파양된 반려동물이 새로 입양 갈 때까지 잘 보호하고 보육해 줄 것을 조건으로 신종 펫숍과 계약을 맺었다면, 신종 펫숍은 안전하고 건강하게 반려동물을 보호하다가 새로운 입양자에게 이전할 의무를 가지게 된다. 이런 계약을 위반해 신종 펫숍이 파양된 동물을 학대 혹은 방치했다면 보호자는 신종 펫숍을 상대로 증여 계약을 해제하고, 원상회복으로서 반려동물의 소유권을 이전할 수 있으며 증여한 금전의 반환을 요구할 수 있다. 또 이로 인해 손해가 발생했다면 그 손해에 대한 배상도 청구할 수 있다.

파양자와 파양동물
두 번 울리는 불공정한 계약

신종 펫숍은 반려동물을 파양하려는 보호자들에게 파양계약서, 파양 동의서, 소유권포기각서 등 다양한 이름으로 불리는 문서를 이용해 계약을 체결한다. 이 문서에는 파양과 소유권에 대한 내용을 정한 약관이 담겨 있다. 이 계약서에는 신종 펫숍 측의 의무는 전혀 쓰여 있지 않고, 보호자 측의 의무나 금지사항만을 기재한 경우가 대부분이다. 또 '파양된 동물의 경우 치료 및 복리 후생은 (펫숍의) 의무가 아님'이라는 내용이 포함되어 있기도 하다. 보호자들은 보호소나 보육원을 표방하는 곳에서 반려동물을 잘 돌봐 줄 것이라 기대하고 거액의 파양비를 지급하게 된다. 만일 신종 펫숍이 파양된 동물의 치료 및 복리 후생에 파양비를 사용하지 않는다는 사실을 안다면, 보호자들은 파양비를 지급하지 않을 것이다.

파양비와 함께 반려동물의 소유권을 넘기고 나면, 신종 펫숍에서는 반려동물이 어디에서 어떠한 상태로 보호되는지 전혀 보여 주지 않고, 새로 입양을 가더라도 그 이후 사정을 알려 주지 않는다. 간혹 보호자 중에는 신종 펫숍에 반려견을 파양했는데, 입양 보냈다던 강아지가 유기견으로 발견돼 연락을 받는 사례도 있었다. 반려동물을 파양한 보호자로서는 반려동물이 실제 입양된 것인지, 다른 곳에서 보호받고 있는지 알 길이 없다. 즉, 신종 펫숍에서 처음부터 파양된 반려동물의 치료와 복리 후생을 부담할 생각이 없음에도 '보호소' 또는 '보육원'과 같은 명칭을 사용하며 보호 및 보육 명목으로 수십에서 수백만 원의 파양비를 받았다면, 이는 기망을 이용해 타인의 재산을 취득한 것으로 사기죄가 성립할 가능성이 매우 높다.

또한 신종 펫숍이 매우 열악한 환경에서 파양된 반려동물을 사육한다는 제보도 있다. 신종 펫숍이 파양된 반려동물의 소유권을 취득했다면 사육에 필요한 안전한 공간을 갖추고, 해당 동물에게 질병이 발생했을 때는 수의학적 처치를 제공해야 하며, 깨끗한 물과 적합한 음식, 청결한 휴식 공간을 제공하는 등 위생과 건강을 보존해야 할 의무가 있다. 만약 이를 위반해 반려동물을 사육하고 이로 인해 질병이나 상해가 발생했다면 분명한 '동물 학대'이며, 2년 이하의 징역 또는 2,000만 원 이하의 벌금을 받을 수 있다.

신종 펫숍들이 사용하는 파양 계약서는 사업자인 신종 펫숍 측에서 미리 만들어 둔 것이다. '보호자는 파양된 동물에 대해 어떠한 관여도 할 수 없다', '본 계약(동의서) 작성 시부터 파양비는 어떠한 경우에도 환불할 수 없다', '파양된 동물에 대한 치료 의무는 부담하지 않는다'는 등의 내용을 넣어 소비자에게는 불리하고, 자신들은 보호, 사육의 의무를 피하기도 한다. 이러한 것은 계약의 목적을 달성할 수 없을 정도로 본질적 권리를 제한하는 내용으로 공정을 잃은 약관에 해당할 가능성이 높다. 이러한 약관의 내용으로 목적 달성이 불가능하거나, 일방에게 부당하게 불리한 경우 계약은 전부 무효이기 때문에 보호자는 신종 펫숍에 반려동물의 반환과 파양비 반환을 요구할 수 있다.

지금까지 '보호소', '보육원'을 표방하는 신종 펫숍의 현실과 '파양자-신종 펫숍' 사이에서 발생할 수 있는 문제를 짚어 보았다. 신종 펫숍은 결코 보호소, 보육원이 아니라는 점, 불공정 계약에 따른 사기를 당할 수 있다는 점을 분명히 기억해 두자. 지금부터는 신종 펫숍이 입양 희망자들에게 저지르는 불법과 이처럼 기형적인 구조의 펫숍을 근절하기 위한 방안을 살펴보자.

입양 희망자를 기만하는
신종 펫숍의 허위 광고

'파양된 반려동물을 분양한다'는 광고를 보고 신종 펫숍을 찾아갔다는 입양자들이 있다. 그런데 신종 펫숍을 방문하면 광고 속에 있는 동물은 그 사이에 입양되었거나 없다며 비싼 품종묘나 품종견을 보도록 유도하는 바람에 2개월령의 반려동물을 입양했다는 사례들을 종종 볼 수 있다. 또 파양된 반려동물은 접종을 마친 뒤 안전한 환경에서 건강하게 보호받고 있다는 광고를 보고 입양했는데 실제로 검진을 받으면 예방접종이 되어 있지 않거나, 질병에 걸려 있는 경우도 있었다.

표시광고법 제3조에서는 소비자를 속이거나 소비자로 하여금 잘못 알게 할 우려가 있는 표시·광고 행위로서, 공정한 거래 질서를 해칠 우려가 있는 ① 거짓·과장 ② 기만 ③ 부당 비교 또는 ④ 비방의 표시·광고 행위를 금지하고 있다.

거짓·과장의 표시·광고	사실과 다르게 표시·광고하거나 사실을 지나치게 부풀려 표시·광고하는 것
기만적인 표시·광고	사실을 은폐·축소하는 등의 방법으로 표시·광고하는 것
부당 비교 표시·광고	비교 대상 및 기준을 분명하게 밝히지 않거나, 객관적인 근거 없이 자기 또는 자기의 상품이 다른 사업자나 다른 사업자의 상품 또는 용역과 비교해 우량 또는 유리하다고 표시
비방적인 표시·광고	다른 사업자나 다른 사업자의 상품 또는 용역에 관해 객관적인 근거가 없는 내용을 표시·광고하여 비방하거나 불리한 사실만을 표시·광고하여 비방하는 것

이를 토대로 보았을 때 신종 펫숍은 실제 파양된 반려동물을 보호하고 있지 않으면서 마치 이를 보호, 사육하여 분양하는 것처럼 혹은 깨끗하고 안전한 사육 환경에서 건강한 반려동물을 사육하는 것처럼 표시·광고 행위를 하고 있을 가능성이 높다.

만약 이러한 거짓·과장된 표시·광고 행위를 발견했다면 우편이나 인터넷을 통해 공정거래위원회에 '서면'으로 신고할 수 있다. 조사 결과, 실제 해당 사업자의 표시·광고가 거짓·과장이었다면 공정거래위원회는 해당 위반 행위의 중지, 시정 명령을 받은 사실 공표, 정정 광고, 그 밖의 위반 행위 시정을 위해 필요한 조치 등을 명할 수 있다. 또한 위반 행위의 내용 및 정도, 기간 및 횟수, 위반 행위로 취한 이익의 규모, 사업자 등이 소비자의 피해를 예방·보상하기 위해 기울인 정도를 고려해 매출액의 2%를 초과하지 않는 범위 내에서 과징금을 부과할 수 있으며, 매출액 산정이 곤란하거나 매출액이 없다면 5억 원 범위 내에서 과징금을 부과할 수 있다.

· · ·

이제는 합법적인 '사육 포기제'나 '사육 포기 동물 인수제'를 논의할 때다. 변종 형태의 펫숍이 보호자들의 사정과 법의 허점을 이용해 영업하는 현실이니 오히려 '엄격한 요건' 아래 반려동물의 사육을 포기할 수 있도록 제도를 정비할 필요가 있다. 보호자에게 사육이 불가한 사정이 발생했음에도 반려동물을 억지로 사육할 의무를 부과할 수는 없기 때문이다. 오히려 불안정한 상황에서 사육을 강요하는 것은 반려동물들에게 더 가혹한 현실을 살게 할 수도 있다. 합법적인 사육 포기 제도가 마련된다면 보호자들이 반려동물을 길이나 인적이 드문 곳에 불법 유기할 가능성도 줄어들 것이다.

더 나아간 형태로 입양 시까지 비용을 보호자가 부담하고, 사육 포기 동물의 입양을 연결해 주는 제도가 마련된다면 반려동물의 유기와 매매를 동시에 줄일 수도 있다. 지자체나 국가의 예산으로 이러한 제도를 시행하고 인적·물적 시설을 갖추어야 초기 시행착오와 신종 펫숍과 같은 부작용을 줄일 수 있다. 또 반려동물의 입양과 파양에 지자체가 개입해 펫숍에서의 거래를 제한한다면 반려동물의 유기 감소를 기대할 수도 있을 것이다. 지자체의 인적·물적 시설을 이용한 합법적인 파양 제도의 완전한 정착을 활발히 논의할 수 있는 사회적 인식이 자리 잡기를 희망한다.

2부

반려동물 사고 예방과 대처법

반려견 산책 중 부당한 시비에 대처하는 자세

가을은 해가 뉘엿뉘엿 지고 선선한 바람이 불어 반려견과 함께 산책에 나서기 참 좋은 계절이다. 하지만 도심에서 반려견과 함께하는 산책이 늘 평온하고 행복하지만은 않다. 인도를 걷던 반려견이 화단의 냄새를 맡기 위해 발길을 옮기면 자전거를 타고 지나가던 사람이 '개를 왜 데리고 나오냐'며 소리를 지르고, 내 반려견이 크고 얼룩덜룩하다는 이유로 '저딴 개를 왜 데리고 나와서 겁을 주느냐, 개 데리고 나오지 말라'며 다가와 삿대질을 하기도 한다.

그저 반려견에게 목줄을 채운 채 조용히 걷고 있었을 뿐인데, 왜 일부 사람들은 굳이 가까이 다가와서 비난을 하는지 모르겠다. 누군가의 시선에 큰 개, 예쁘지 않은 개와 함께하는 반려인은 근거 없는 비난에도 눈 감고 귀를 닫은 채 지나가야 하는 걸까? 산책 중 부당한 시비를 겪은 보호자의 실제 사연을 바탕으로 반려견 산책 시 타인과 분쟁이 발생했을 때 어떻게 대처하면 좋을지 알아보자.

젊은 여성 A씨는 털이 검고 몸길이가 약 70~80cm인 진돗개와 함께 반려견 출입이 허용된 공원을 산책하고 있었다. 반려견은 입마개 착용이 필수인 견종은 아니고, 평소 공격성도 전혀 없었기에 입마개는 채우지 않았으며, 언제나처럼 리드줄을 단단히 잡고 적당한 거리를 유지하며 산책을 하고 있었다. 그러던 중 중년 여성 4~5명이 근방을 지나가며 힐끗거렸다. 옆을 지나가던 여성들은 A씨를 향해 "공원에 나오지 마라. 위협적이다. 여자라서 그렇다. 남자라면 걱정 안 한다"며 언성을 높였다. A씨가 "목줄을 하고 출입이 가능한 공원인데 왜 그러시냐"고 반발하자, A씨를 둘러싼 그들의 언성은 더욱 높아져 폭언까지 이어졌고 불안감을 느낀 A씨는 현장에서 경찰에 신고를 했다.

한편 경찰이 현장에 도착해 A씨가 상황을 설명하는 중에 지나가던 중년 남성이 끼어들어 오히려 A씨에게 다가와 삿대질을 하며 소리를 지르기 시작했다. 경찰관은 A씨에게 다가

오는 중년 남성을 말렸지만, 이 남성은 그 장면을 촬영하고 있는 A씨를 밀어 휴대전화를 떨어트리기도 했다.

A씨를 둘러싼 중년 여성 무리는 '경범죄 처벌법' 위반

경범죄 처벌법 제3조에서는 가볍지만 처벌의 필요성이 있는 범죄의 종류를 자세히 정하고 있다. 그중 제19호를 보면 정당한 이유 없이 주위에 모여들어 다른 사람을 불안하게 하거나, 귀찮고 불쾌하게 한 사람을 처벌하는 규정을 두고 있다.

경범죄처벌법 제3조 (경범죄의 종류)

① 다음 각 호의 어느 하나에 해당하는 사람은 10만 원 이하의 벌금, 구류 또는 과료(科料)의 형으로 처벌한다.

19. (불안감조성) 정당한 이유 없이 길을 막거나 시비를 걸거나 주위에 모여들거나 뒤따르거나 몹시 거칠게 겁을 주는 말이나 행동으로 다른 사람을 불안하게 하거나 귀찮고 불쾌하게 한 사람 또는 여러 사람이 이용하거나 다니는 도로·공원 등 공공장소에서 고의로 험악한 문신(文身)을 드러내어 다른 사람에게 혐오감을 준 사람

A씨에게는 반려견 출입이 허용된 공원에서 반려견에게 리

드줄을 채워 산책할 권리와 자유가 있다. 또 산책 행위가 행인들에게 어떠한 위해나 위협을 가하지도 않았다. 하지만 A씨는 반려견이 크다는 이유로, 여자라는 이유로 지나가던 여성들에게서 비난과 듣기 힘든 폭언을 들었다. A씨를 둘러싸고 폭언을 한 여성들은 '반려견이 무섭다, 입마개를 하지 않았다'는 이유만으로 시비를 걸고 주위에 모여 A씨를 불안하게 한 것이다. 그리고 적어도 A씨를 귀찮고 불쾌하게 했으므로 경범죄처벌법 위반으로 처벌 받을 수 있다.

삿대질을 하며 A씨의 휴대전화를 떨어뜨린 남성은 형법상 '폭행죄'

폭행은 신체에 대한 불법적 유형력 행사를 의미한다. 단순한 삿대질도 타인의 신체에 위협이 된다면 '폭행 행위'로 평가된다. 상대방의 신체에 직접 닿지 않았더라도 '손가락으로 상대방의 얼굴 부위를 찌를 듯 삿대질하고, 손으로 상대방의 모자와 안경을 쳐 바닥에 떨어뜨리는 행위' 역시 폭행죄로 유죄판결을 받은 사례가 있다.

형법 제260조 (폭행, 존속폭행)

① 사람의 신체에 대하여 폭행을 가한 자는 2년 이하의 징역, 500만

원 이하의 벌금, 구류 또는 과료에 처한다.

③ 제1항 및 제2항의 죄는 피해자의 명시한 의사에 반하여 공소를 제
기할 수 없다.

사례에서 중년 남성이 갑자기 A씨에게 가까이 다가와 손가
락으로 A씨를 가리키며 삿대질을 하고, 손가락으로 A씨의 휴대
전화를 밀어 떨어뜨린 행위는 분명한 불법적인 유형력(특정 형
태를 가진 힘의 행세)의 행사이므로 A씨는 폭행죄로 처벌받을 수
있다.

정식 수사를 요구하는 '사건 접수'

신고를 받고 경찰이 출동했더라도 경찰이 명확히 범죄
라고 판단하지 않는다면 피신고자를 훈방할 수 있고, 원만한
해결을 유도하는 경우가 종종 있다. 하지만 A씨의 경우 중년
여성들에게 폭언, 중년 남성에게 폭행을 당한 상황에서 경찰이
이와 같이 행동한다면 중년 여성들과 남성을 정식으로 '고소'하
는 것이 효과적이다.

A씨와 같은 상황에 부닥쳤다면 출동한 경찰관에게 해당 사
건을 정식으로 고소하겠다는 의사를 표현하고, 직접 인근 경찰
서에 방문해 중년 여성들을 '경범죄처벌법' 위반, 폭언의 내용에

따라서 '모욕죄' 혹은 '명예 훼손죄', 신체를 위협할 만한 행동이 있었다면 '폭행죄' 등으로 고소할 수 있다. 다만 상대방을 처벌받게 할 의도로 허위 사실을 신고하면 역으로 무고의 위험이 있으니 사실에 기초해 진술해야 한다.

갑자기 억울한 일이 생긴다면 당황하지 말고 가급적 증거를 확보해야 한다. 산책 장소는 개방된 장소이기에 이를 지켜보던 사람이 증언을 해 줄 수도 있고, 운 좋게도 CCTV가 있어 결정적인 장면을 확보할 수도 있다. 상대방 동의가 없더라도 자신의 휴대폰이나 바디캠으로 녹음을 하거나 영상을 촬영할 수도 있다.

경찰의 편파적 수사나 부적절한 조치로 수사 과정에서 문제가 발생한다면?

앞의 사연에서 A씨의 신고를 받고 출동한 경찰은 오히려 A씨에게 "이 정도 행위로는 불안감 조성이라 할 수 없다. 반대로 강아지가 행인에게 짖었다면 당신이 경범죄처벌법에 해당해 처벌될 수 있다"는 취지로 오히려 A씨를 탓하는 발언을 했다고 한다. 결국 A씨는 신고에 대한 적절한 처리를 받지 못한 채 억울하게 집으로 돌아올 수밖에 없었다.

과연 출동한 경찰관의 말이 맞을까? 반은 맞고 반은 틀렸다. 중년 여성이 A씨에게 단순히 지적만 했다면 '경범죄처벌법'

을 위반했다고 볼 수는 없다. 하지만 앞의 사례에서는 중년 여성 4~5명이 A씨를 둘러싸고 폭언을 했기에 경찰관은 중년 여성들에게 경범죄처벌법 위반 행위를 했다고 고지하고 그에 상응하는 조치를 취했어야 한다. 또한 개가 짖었고 이를 이유로 중년 여성이 겁을 먹었다 하더라도 A씨가 경범죄처벌법을 위반한 것은 아니다. 경범죄처벌법은 다음과 같이 동물을 이용한 위험한 행위만을 처벌한다.

경범죄처벌법 제3조 (경범죄의 종류)

25. (위험한 동물의 관리 소홀) 사람이나 가축에 해를 끼치는 버릇이 있는 개나 그 밖의 동물을 함부로 풀어놓거나 제대로 살피지 아니하여 나다니게 한 사람

26. (동물 등에 의한 행패 등) 소나 말을 놀라게 하여 달아나게 하거나 개나 그 밖의 동물을 시켜 사람이나 가축에게 달려들게 한 사람

경찰이 잘못을 한 사람에게 주의를 주고 선처를 하는 것이 아니라 오히려 신고자에게 부당한 대우를 했다면 국민권익위원회에 고충 민원을 제기할 수 있다. 국민권익위에서는 민원에 대한 결정이 나오면 그 민원 내용과 결과를 공개한다. 국민권익위의 권고 결정은 강제력은 없지만 경찰청에서는 국민권익위의 권고를 검토해 수사 관행을 개선하려는 노력을 하고 있다. 해당

사례들이 쌓여 선례를 만들면 경찰의 신고 사건 처리, 수사 관행 개선에 영향을 미쳐 향후에 더 나아진 대응을 기대할 수 있을 것이다.

수사 중 부당한 대우를 받거나
수사 과정·결과에 다른 의견을 내고 싶다면

만일 수사가 진행되는 중에 경찰에게 부당한 대우를 받았거나 편파적인 수사 등의 상황을 마주한다면 해당 경찰서의 '청문감사관실'을 찾아가 민원을 제기할 수 있다. 변호사로서 겪어 본 사례를 보면 청문감사관실에 민원을 제기하면 수사관의 부당한 대우나 무리한 요구가 사그라지는 경우가 대부분이다. 하지만 민원 제기에도 공정한 수사가 이루어지지 않는다면 '수사관 교체 요청 제도'를 이용해 청문감사관실에 요구할 수 있다. 수사관 교체 요청은 사건 당사자 혹은 법정 대리인이 신청할 수 있고, 요청이 받아들여지면 요청자에게 결과를 알려 준 후 수사관을 교체하게 된다.

또 수사 결과에 불만 혹은 이의가 있다면 관할 지방경찰청에 마련된 '수사이의팀' 혹은 해당 경찰서에 수사이의를 신청할 수 있다. 수사이의를 신청하면 상담이 이루어지게 되는데 이때 단순 수사 결과 불만족 등 부당한 이의로 판단되면 반려되는 경우도 있다. 수사이의신청이 이뤄지면 지방경찰청의 수사이의 조사팀이 해당 사건의 수사관과 수사 책임자의 '수사 과오'를 조사하게 된다. 조사 결과 수사 과오가 인정되면 해당 경찰서의 장에게 통보되고 추후 인사 관리 자료로 활용될 수도 있다. 다만 수사이의 사건 조사 결과 '혐의 없음'으로 종결되면 수사이의팀에서 이의신청인의 무고 여부를 판단할 수 있으니 허위로 이의신청을 하면 안 된다.

- * * * -

서울 동부지방법원에서는 타인의 개를 귀엽다고 생각해 허락 없이 만졌는데 반려인이 불쾌감을 드러냈고 말다툼이 발생한 사건에 대한 판결이 나왔다. 개를 만진 이가 반려인에게 "이병×같은 새끼, 오타구 같은 새끼, 오타쿠야"라고 욕설을 하고 밀친 행위를 모욕, 폭행에 해당한다고 판단해 벌금 100만 원을 선고한 사례가 있었다.

물론 현재 타인의 반려견을 함부로 만지는 것을 범죄라 규정하는 법률이 없고, 법원이 타인의 반려견을 함부로 만진 것을 범죄행위로 판단한 것은 아니다. 그러나 이 사건에 대한 대중의 의견 중 '보호자 허락 없이 반려견을 만진 행위가 곧 폭행'이라는 주장도 있었다. 그런 만큼 이는 보호자 및 반려견에게 무례한 행동이고, 반려견의 성향에 따라 때로는 위험할 수도 있는 행동임을 모두가 인지해야 한다.

또한 보호자가 적절한 안전조치를 취하고 있었음에도 허락 없이 반려견에게 다가가 만지거나 반려견을 흥분하게 하는 등의 행동을 해 반려견의 공격을 유발했다면 그 보호자에게는 물림 사고에 대한 민·형사상 책임을 물을 가능성이 낮다.

이런 이야기를 할 때마다 누군가는 반려견 보호자들의 사회적 책임이 먼저라고 주장하기도 한다. 관련 볍령은 물론 펫티켓까지 준수해야 하는 보호자들의 책임이 결코 무시될 수는 없을 것이다. 하지만 그렇다고 해서 잘못이 없는 반려인들에 대한 비난이 정당화되어야 하는 것도 아니고, 모든 사람이 펫티켓을 준수할 때까지 반려인의 권리와 자유가 무시되어야 하는 것도 아니다. 산책 중인 타인의 강아지에게 위협을 느낄 일도, 강아지와 산책 중이라는 이유만으로 타인에게 위협을 받을 일도 모두 없어지길 바란다.

동물 수술 전
알아 두어야 할
수의사의 설명의무

　　의사의 '설명의무'란, 환자의 자기결정권 내지 치료행위에 대한 선택의 기회를 보호하기 위하여, 의사가 환자에게 현재의 상태와 앞으로 행해질 의료행위의 내용, 필요성, 발생할지 모를 위험 등에 대한 적절한 정보를 제공해야 하는 의무를 말한다. 의사가 환자에게 설명의무를 이행하지 않은 채 수술 등을 시행하여 환자에게 예기치 못한 중대한 결과가 발생하는 경우 의사는 민사상 손해배상책임을 진다. 그리고 사람의 생명 또는 신체에 중대한 위해를 발생하게 할 우려가 있는 수술, 수혈, 전신마취를 할 때 설명의무를 이행하지 않은 경우 의료법 제92조 제1항 제1호의 2에 따라 최대 300만 원의 과태료가 부과될 수 있다.

수의사가 동물에 대한 진료행위 시 설명의무를 이행하지 않은 경우에도 판례에서는 수의사의 민사상 손해배상책임을 인정해 왔고, 2022년 7월부터 시행된 개정 수의사법에는 수의사의 설명의무 및 그에 대한 위반책임이 명시되었다. 개정법은 해당 조항의 취지를 '동물병원 이용자의 알권리와 진료 선택권 보장'이라고 밝히고 있으며, 같은 취지로 수의사법에 신설된 진료비용 고지 및 게시의무 또한 2023년 1월 시행을 앞두고 있다.

신설된 의무의 구체적인 내용은 다음과 같다.

1) '수술 등 중대 진료'에 관한 설명의무 (법 제13조의 2)

수의사는 동물의 생명 또는 신체에 중대한 위해를 발생하게 할 우려가 있는 '수술 등 중대 진료'를 하는 경우, 동물 소유자 등에게 설명의무를 이행하고 서면으로 동의를 받아야 한다. 다만, 동물의 생명 위험 등 긴박한 진료가 필요한 경우에는 진료 이후에 설명 및 동의를 받을 수 있다는 예외를 두고 있다.

해당 조항은 의료법 제24조의 2의 내용과 유사하게 작성되었으며, 다만 동의서의 보관기간과 과태료의 한도는 조금 더 낮은 수준으로 설정되어 있다. 수의사법 시행규칙은 설명의무가 적용되는 중대진료의 범위를 '전신마취를 동반하는 내부장기·뼈·관절에 대한 수술 및 전신마취를 동반하는 수혈'로 정했다.

	의료법	수의사법
대상	사람의 생명 또는 신체에 중대한 위해를 발생하게 할 우려가 있는 수술, 수혈, 전신마취	동물의 생명 또는 신체에 중대한 위해를 발생하게 할 우려가 있는 수술, 수혈 등 농림축산식품부령으로 정하는 진료
설명내용	진단명 수술 필요성, 방법 및 내용 의사 성명 후유증 또는 부작용 환자 준수사항	진단명 진료 필요성, 방법 및 내용 - 후유증 또는 부작용 소유자 준수사항
예외	설명 및 동의 절차로 인하여 수술 등이 지체되면 환자의 생명이 위험해지거나 심신상의 중대한 장애를 가져오는 경우(면제)	설명 및 동의 절차로 수술 등 중대진료가 지체되면 동물의 생명이 위험해지거나 동물의 신체에 중대한 장애를 가져올 우려가 있는 경우(사후동의)
동의서 보관기간	2년	1년
위반 시 제재	300만 원 이하	100만 원 이하

만약 설명의무가 충분했는지 여부 또는 법 제13조의 2 제1항 단서의 예외사유에 해당하는지 여부에 대해 당사자 간에 다툼이 있다면 이는 법원이 사후에 객관적인 사실을 바탕으로 적정성을 판단할 수밖에 없을 것이다. 과실로 인한 동물병원의 진료사고에 대해서는 형벌 규정이 없어 수의사의 설명의무 위반에 대해 소유자 등은 민사적 손해배상책임을 물을 수 있을 뿐이라는 점에는 개정 전과 개정 후의 차이가 없고, 다만 최대 과태

료부과처분이라는 행정적 제재가 신설되었을 뿐이다.

2) 수술 등의 진료비용 고지의무(법 제19조)

동물병원 개설자는 수술 등 중대진료 전에 예상 진료비용을
동물 소유자 등에게 고지해야 한다.

3) 진찰 등의 진료비용 게시의무(법 제20조)

동물병원 개설자는 진찰, 입원, 예방접종, 검사 등 일반 진료
비용을 병원 내부 또는 인터넷 홈페이지에 게시해야 한다.
초진·재진 진찰료, 진찰에 대한 상담료
입원비
개/고양이 종합백신, 광견병 백신, 켄넬코프백신 및 인플루
엔자백신의 접종비
전혈구 검사비와 그 검사 판독료 및 엑스선 촬영비와 그 판
독료

— * * * —

동물병원의 의료사고에 대한 소비자 분쟁은 점점 증가하고
있다. 대부분의 사건에서 보호자들은 위험성에 대해 충분히 설
명을 듣지 못했다거나, 수술 및 처치 과정에서 동물병원 측의 과

실이 있었을 것이라고 주장한다. 하지만 많은 비용을 들여 민사소송을 진행하지 않는 이상 이를 입증하기는 쉽지 않다. 이러한 어려움은 의료사고에서도 마찬가지이기는 하나, 동물의 진료는 진료의 객체가 말 못 하는 동물이라 수의사가 작성한 자료 및 진술에 의존해야 하는 점, 과실이 인정되어도 민사상 손해배상액이 낮아 소송비용이 부담스러운 점, 과실로 인한 의료사고에 대해서는 형사책임이 인정되지 않는 점(사람에 대해서는 업무상과실치상/치사죄가 인정될 수 있음) 등에서 차이가 있어, 피해자가 법적 구제 수단을 실행하지 못하는 경우가 더 많다.

환자의 권리 보장과 관련된 의료법의 내용을 수의사법에 점점 확대해 나가는 것은 긍정적 변화이다. 하지만 한편으로는 수의사법의 많은 내용이 '의료법과 유사하지만 조금 낮은 선의 규제'라는 느낌이 들어 아쉽다. 동물 관련 법률의 입법 과정에서 자기결정권, 알 권리 등 인간의 권리 보장을 넘어 비인간동물의 권리 보장을 고민하는 날이 오기를 기다려 본다.

보호자 두 번 울리는 동물 의료사고 소송 대처법

반려동물이 아파서 동물병원에 데리고 갔는데, 수의사가 수술 등 처치에 대해 제대로 설명을 하지 않았거나 혹은 처치를 잘못하여 반려동물이 죽는, 불행한 일이 일어났다고 상상해 보자. 동물병원 측은 사과도 없고, 충격과 슬픔을 겨우 억누른 채 진료기록부와 CCTV 영상자료라도 달라고 요청했지만 이마저 거절된다면?

안타깝게도 이러한 상황은 꽤 자주 일어난다. 물론 수의료진이 최선을 다하고, 보호자에게 설명도 충실히 하고, 어떠한 의료상 과실이 없었음에도 동물이 사망하는 일이 발생할 수 있다. 그렇지만 비의료인인 보호자 입장에서는 병원 측의 잘못은 없었는지 합리적인 의심을 할 수 있다. 아니면 최소한 '내 가족의 마지막 가는 길이 어떠했는지' 보고 싶을 수도 있다. 물론 충분히 사인(死因)에 대해 설명하고, 보호자의 상실감을 잘 다독여 주고, 필요한 자료 제공에 협조하는 병원들도 있다. 그렇지만 어렵지 않게 종결될 수 있는 사안임에도 소위 '배째라' 식으로 나오는 병원들도 많다. 이 경우 보호자들은 어쩔 수 없이 당초 생각지도 않았던 법적 쟁송을 시작하게 된다.

자료를 주지 않는 병원에 대해 보호자는 '증거보전신청'을 통해 진료기록부, CCTV 영상 등 사건 관련 자료 제공을 요청할 수 있는데, 법원의 증거보전결정이 내려져도 상대방이 그 결정을 따르도록 강제할 수 있는 방법은 없다. 이에 상대방이 자료 제공에 협조하지 않을 경우, 결국 보호자는 원하는 자료를 얻지 못하게 될 수도 있다. 만일 보호자가 별도로 본안소송(손해배상 소송)을 제기한다면 '문서제출명령신청'을 통해 상대방이 보유하고 있는 자료를 제출 받을 가능성이 높아진다. 그러나 소송은 시간이 걸리므로, CCTV 등 보관기한이 있는 자료는 삭제되기 전 긴급히 확보하기가 매우 어렵다. 결국, 소송에서 중요한 자료를 전부 피고 병원이 가지고 있는 반면, 소송의 입증책임(주장사실을 합리적으로 입증하지 못할 경우 패소의 불이익을 얻는 당사자)은 원칙적으로 소송을 제기한 원고에게 있으므로, 보호자가 자료를 확보하기 힘들다는 점은 소송에서도 큰 어려움으로 작용한다.

인식의 변화가 필요한
사법부의 생명감수성

더 큰 어려움은 동물의 사망, 상해와 보호자의 고통에 대해 크게 공감하지 못하는 듯한 법원의 태도다. 다음은 얼마 전 필자가 대리한 사건이다. 보호자는 반려견을 10여 년간 소중히 길러 왔고, 당시 13살이던 반려견은 병원에서 수술을 받은 후 3일 만에 사망했다. 해당 보호자는 수술의 위험성을 전혀 설명하지 않은 병원 측에 위자료를 요구하는 소송을 제기했다. 보호자는 판사 앞에서 사안을 설명하다 울음을 터뜨렸다. 그런데 판사는 "13살이니 충분히 산 것이 아니냐"고 했고, "개에 대해서는 '폐사'했다고 하지, '사망'했다는 단어를 쓰지 않는다"고도 했다.

반려동물은 반려인에게 정말 '가족' 같은 존재이고, 이러한 존재를 잃게 된다면 그 존재가 동물이더라도 남은 가족은 심각한 우울증과 슬픔을 겪을 수 있다. 그럼에도 가족을 잃은 그 슬픔을 마치 별것 아닌 것으로 치부하는 판사의 태도에서 필자 역시 분노했고, 당사자인 보호자는 또 한 번 큰 벽에 부딪히는 좌절감을 느꼈을 것이다. 해당 사건에서 결국 보호자는 패소했고, 판사는 보호자의 청구를 배척하는 이유에 대하여 단 한 글자도 쓰지 않았다. 아무리 소액사건이라 하더라도(청구금액이 3,000만 원 이하인 소액사건에서는 판사가 판결이유를 생략할 수 있다) 패소 이유를 한 줄이라도 써 주었다면 좋지 않았을까 하는 아쉬움이 남는다. 재판 과정부터 결과에 이르기까지 소송 당사자에 대한 최소한의 배려도, 동물의 생명보호에 대한 인식도 찾아볼 수 없었던 사건이었다.

• • • •

반려동물을 기른다면 언젠가 한번쯤은 병원에 갈 일이 생긴다. 즉, 반려인구 1,500만 시대에 누구나 이러한 문제에 직면할 수 있고, 억울한 보호자들은 계속 생겨날 것이다. 현재 수의사에게는 보호자에게 진료기록부를 발급해 줄 의무나 수술실 등에 CCTV를 설치할 의무가 없다(다만 현행 동물보호법 시행규칙상 반려동물 미용업, 위탁업 등의 경우 CCTV 설치가 의무이다). 그렇지만 이들 자료는 보호자의 동물에 대한 중요 자료이고 보호자에게는 알 권리가 있으므로, 수의사법에 1) 보호자 요청 시 진료기록부를 발급할 의무, 2) 처치실이나 수술실 등에 영상정보처리기기(CCTV)를 설치할 의무 및 3) 보호자 요청 시 정당한 사유가 없는 한 CCTV 영상을 제공할 의무를 규정하는 것이 필요하다. 법에서 강제하고 있지 않더라도 치료과정을 CCTV 영상으로 상시 보호자들에게 보여 주는 병원들도 점점 생겨나고 있다. 보호자들은 이러한 병원을 더욱 신뢰하게 될 것이라는 점에서, 병원들도 선제적으로 정보를 투명하게 공개할 필요가 있다.

무엇보다 앞으로 사법부도 동물이 피해를 입은 사건이나 반려인이 정신적 고통을 받은 사건에서 당사자에 대한 공감과 생명감수성을 더 많이 가져야 한다. 이러한 인식의 변화를 통해, 가족을 잃어 크나큰 슬픔에 잠긴 보호자들이 또 한 번 울게 되는 경우가 생기지 않았으면 한다.

개 물림
사고 대처법
A to Z

2021년 9월 30일, 서울의 한 반려견 놀이터를 방문한 30대 여성이 대형견에게 물려 왼쪽 발목뼈가 드러날 정도로 심각한 부상을 입은 사건이 뒤늦게 세상에 알려졌다. 당시 피해자는 물론 피해자의 반려견도 그 대형견에게 물려 상처를 입었다. 사고를 낸 개의 반려인은 근처에서 대형견 5마리를 기르는 사람이었는데 '개를 너무 사랑해서 일부러 풀어 두었다'라는 황당한 변명을 했다고 한다. 경찰 조사에 따르면 반려인은 기초생활수급대상자로, 피해자에게 금전 배상을 하기 어려운 상황으로 알려졌고, 반려견 놀이터를 설치한 구청의 관계자는 '공공근로자가 잠시 자리를 비운 사이에 사고가 발생했다'며

유감의 뜻을 표했다고 한다.

소방청에 따르면 현재 개 물림 사고는 하루 평균 6건 정도 발생하고 있고, 최근 3년간 개 물림 사고로 병원 치료를 받은 사람이 6,800여 명에 달한다고 한다. 그럼에도 사고를 낸 반려인의 4분의 1은 피해자에게 치료비를 지급하지 않는 등 책임을 회피하는 것으로 조사되었다. 반려견 숫자가 급증하면서 몇 년 전부터 개 물림은 누구나 불시에 당할 수 있는 사고가 되었고, 그로 인해 중상 혹은 사망의 피해까지 발생하고 있다. 따라서 여기서는 개 물림 사고가 발생했을 때, 피해자는 누구에게 어떤 법적 책임을 추궁할 수 있는지 살펴보고자 한다.

'개 물림 사고', 형사처벌 대상입니다

개 물림 사고를 당한 피해자는 먼저 사고견의 소유자 등에게 형사책임을 묻기 위하여 고소를 진행할 수 있다. 반려인은 자신의 반려견이 타인에게 해를 가하지 않도록 적절한 조치를 다해야 할 주의의무가 있는데, 이를 위반하여 타인에게 상해를 입히거나 사망에 이르게 한 경우 다음의 법률에 따라 처벌될 수 있다.

형법 제266조 (과실치상) 과실로 인해 사람의 신체에 상해를 이르게 한 자는 500만 원 이하의 벌금, 구류, 또는 과료에 처한다.

제267조 (과실치사) 과실로 인해 사람을 사망에 이르게 한 자는 2년 이하의 금고 또는 700만 원 이하의 벌금에 처한다.

제268조 (중과실치사상) 업무상 과실 또는 중대한 과실로 인하여 사람을 사상에 이르게 한 자는 5년 이하의 금고 또는 2,000만 원 이하의 벌금에 처한다.

또 맹견(도사견, 아메리칸 핏불테리어, 아메리칸 스태퍼드셔 테리어, 스태퍼드셔 불테리어, 로트와일러 등 5종류와 그 잡종의 개)을 동반하여 외출할 때에는 안전조치 의무가 더욱 무거워 목줄과 입마개를 해야 하고, 그 외의 맹견이 반려인 없이 홀로 거주지를 나와 개 물림 사고를 일으킨 경우에도 위와 같은 동물보호법상 형사 책임을 부담해야 한다.

한편 비록 반려견에게 물리지 않았다 하더라도 경범죄처벌법 제3조 제1항 제25호는 사람이나 가축에 해를 끼치는 버릇이 있는 개를 함부로 풀어놓거나 제대로 살피지 않아 나다니게 한 경우에도 반려인을 처벌(10만 원 이하의 벌금, 구류 또는 과료)하도록 규정하고 있다.

형사고소를 하면 어떻게 진행되나?

가해자를 형사고소하면 수사기관은 통상 피해자, 가해자, 목격자의 진술과 현장 사진 및 CCTV 영상, 반려견 등록 여부, 상해 부위 사진 및 상해 진단서 등 여러 가지 증거를 바탕으로 가해자가 주의의무를 위반했는지 조사한다. 수사 결과 혐의가 입증되었다고 판단되면 가해자를 형법이나 동물보호법 위반 혐의로 기소한다. 검사가 벌금형의 약식 기소를 하는 경우 법원은 유죄의 심증이 들면 재판을 열지 않고 벌금형의 약식 명령을 발령한다. 하지만 여기서 가해자가 불복하여 정식 재판을 청구하면 공개 법정에서 재판이 열리게 된다. 그러나 사안에 따라 주의의무 위반, 상해 정도가 중하다고 판단되면 정식으로 기소를 하고, 가해자는 실형을 선고받는 경우도 있다.

수원지방법원 2017노 7362호 사건

집에서 기르던 맹견이 집 앞을 지나가던 주민의 팔과 다리 등 여러 곳을 물어 주민이 전치 16주의 상해를 입은 사건에서 법원은 맹견의 반려인에게 중과실치상의 죄책을 물어 금고 1년 6월을 선고한 바 있고, 맹견의 반려인이 판결에 불복해 항소했지만 항소심도 항소 기각 판결을 선고함

만약 가해자가 형법상 과실치상으로 기소된다면 과실치상

죄는 반의사불벌죄이므로 피해자가 사고견의 반려인과 합의를 하고 수사기관 또는 법원에 처벌을 원하지 않는다는 의사를 표시하면 반려인에게는 공소권 없음 처분(검찰)이 내려지거나 공소기각 판결(법원)이 선고되어 아무런 처벌을 받지 않게 된다. 그러나 동물보호법 위반죄는 반의사불벌죄가 아니어서 가해자가 피해자와 합의를 하더라도 이는 양형에 유리한 사정으로 참작될 뿐 처벌은 받게 된다. 소액이라도 벌금형을 선고받고 그 판결이 확정되면 벌금형의 전력은 전과에 해당하므로 개인에게는 전과 기록에 남는다는 사실을 유념해야 할 것이다.

한편 사고견이 피해자 외에 피해자의 반려견까지 공격해 부상을 입혔다면 사고견의 반려인은 재물손괴의 죄책을 질 가능성도 있다. 그러나 재물손괴죄는 가해자에게 고의가 있는 경우에만 처벌되는 범죄이다. 따라서 사고견의 반려인이 사고견을 통해 피해자의 반려견을 해할 의도가 없었다면 재물손괴의 책임을 묻기는 어려울 것으로 보인다. 다만 사고견이 반복하여 사고를 일으켰던 전력이 있고, 사고견의 반려인 역시 그러한 사실을 잘 알고 있었음에도 주의의무를 다하지 않았다면 반려인에게 미필적 고의가 인정되어 재물손괴의 죄책을 부담할 가능성은 있다.

민사상 손해배상 청구도 가능

형사고소와 별도로 피해자는 자신의 피해 내역에 대해서 가해자로부터 손해배상을 받지 못하는 경우, 민사소송을 진행하여 별도로 손해배상을 청구할 수밖에 없다. 민법 제759조에 따르면 동물을 점유하거나 보관하는 자는 그 동물이 타인에게 가한 손해를 배상할 책임이 있다. 비록 동물의 종류와 성질에 따라 보관에 상당한 주의를 기울였을 때 손해배상책임을 면할 수 있다는 예외도 있지만 실무상 이 규정을 통해 손해배상 책임을 면하기는 매우 어렵다.

민사소송에 필요한 것은 무엇이 있을까?

피해자는 가해자를 상대로 민사소송을 제기한 후 ① 상대방이 사고견의 소유자나 점유자라는 사실, ② 사고견의 행동으로 피해자가 피해를 입었다는 사실을 입증해야 한다. 실무상 형사판결에서 사고견의 반려인이 유죄판결을 받았다면 앞의 사실을 입증하는 데 매우 유력한 근거로 삼을 수 있다.

나아가 손해배상책임 범위, 즉 손해액에 대해서도 입증해야 하는데, 대표적 손해로는 치료비, 일실손해(다쳐서 일하지 못함으로써 얻지 못한 수입), 위자료 등이 있다. 개 물림 사고 유형과 피해 정도는 매우 다양하기 때문에 피해자가 받을 수 있는 손해배상 액수를 일률적으로 말할 수는 없다. 부상 부위 및 정도, 치료 기간, 후유증 발생 여부, 향후 치료가 필요한지, 영구 장해* 발생 여부, 피해자의 나이 및 직업 등을 고려해야 하고, 경우에 따라 피해자에게도 과실이 있는지 살펴 상대방의 책임이 제한될 수도 있다.

손해배상 청구는
사고 발생 후 3년 내에 해야

민법에 따른 손해배상 청구는 피해자가 그 손해 및 가해자를 안 날로부터 3년 또는 불법행위를 한 날로부터 10년 안에 청구해야 한다. 여기서 불법행위를 한 날이란, 가해행위가 있었던 날이 아니라 현실적으로 손해의 결과가 발생한 날을 의미한다. 통상 개 물림 사고는 사고 발생 직후에 손해 및 가해자를 알 수 있으므로 사고 발생일로부터 3년 안에 손해배상을 청구해야 한다는 사실을 명심해야 한다. 간혹 사고 당시 사고견의 견주가 누군지 알 수 없는 경우가 있는데, 그런 경우에는 사고견의 견주가 누구인지 알게 된 때로부터 3년 안에 손해배상을 청구하면 된다.

●　　**참혹하게 상처를 내어 해침**

'형사상 배상명령 제도' 활용하는 방법도

여러 가지 사정으로 민사소송을 진행하기 어렵다면 형사상 배상명령 제도를 이용할 수도 있다. 소송 촉진 등에 관한 특례법 제25조는 법원이 과실치상, 과실치사, 중과실치사상죄에 대하여 유죄판결을 선고할 경우 범죄 행위로 인해 발생한 직접적인 물적 피해, 치료비 손해 및 위자료의 배상을 명할 수 있도록 규정하고 있다. 또 동법 제26조에서는 피해자에게 이 배상명령을 신청할 수 있는 권한을 부여하고 있다.

따라서 만약 가해자가 과실치상이나 중과실치상 등으로 유죄판결을 받는다면 피해자는 그 이전에 형사재판이 진행 중인 재판부에 배상명령을 신청해 손해배상을 받을 수 있는 길이 있다(단, 사고견의 반려인이 동물보호법 위반으로 유죄 판결을 받을 경우는 이 제도가 적용되지 않는다). 형사 법원이 피해자의 배상명령 신청을 인용할 경우, 피해자는 이 판결을 근거로 상대방의 재산에 대해 강제 집행을 할 수 있으므로 민사소송 절차를 거치기 번거롭다면 형사상 배상명령 제도를 이용하는 방법도 있다.

기초생활수급자라 손해배상 못한다…
'범죄 피해자 구조 제도' 활용해 볼까

한편 개 물림 사고를 당했음에도 사고견의 반려인이 경

제적인 사정이 매우 열악해 반려인으로부터 손해배상을 받을 수 없는 경우라면, '범죄 피해자 구조 제도'를 이용해 볼 수 있다. 범죄 피해자 구조 제도는 범죄 행위로 인해 사망하거나 장해 및 중상해를 입었지만 범죄 피해의 전부 혹은 일부를 보상받지 못한 사람을 구제하는 제도이다. 범죄 피해가 발생했다는 것을 인지한 날로부터 3년 또는 범죄 발생일로부터 10년 이내에 각 지방검찰청에 설치되어 있는 범죄피해구조심의회에 구조금 지급 신청을 하여 피해를 배상받을 수 있다. 다만 여기서 말하는 범죄 피해는 사망, 장해 및 중상해에 국한하고 있으므로 단순한 상해 피해로는 구조금을 받을 수 없다.

공공장소에서 발생한 개 물림 사고, 국가 책임은 없나?

경우에 따라서 국가나 지방자치단체를 상대로 국가배상 책임을 청구할 수도 있다. 국가배상법은 공무원이 직무를 집행하면서 고의 또는 과실로 법령을 위반해 타인에게 손해를 입혔거나 도로·하천, 그 밖의 공공의 영조물˚의 설치나 관리에 하자가 있어 타인에게 손해가 발생했을 때, 국가나 지방자치단체가

●   땅 위에 지은 구조물 중에서 지붕, 기둥, 벽이 있는 건물을 통틀어 이르는 말

그 손해를 배상하도록 규정하고 있다.

예를 들어 공공장소에서 유기견에게 공격을 받아 물렸다면 국가배상책임 추궁을 생각해 볼 수 있다. 다만 국가배상책임이 인정되려면 공무원의 고의·과실에 의한 법령 위반 사실이나 영조물의 설치나 관리의 하자를 입증해야 하므로 유기견의 단순한 1회 공격으로 인한 피해로 국가배상책임을 인정받기란 쉽지 않을 것으로 보인다. 유기견이 지속적으로 출몰했고, 대형견이라서 사람이 공격을 받았을 때 큰 피해가 예상돼 장기간 여러 차례 민원을 제기했지만 적절한 대책이 강구되지 않은 예외적인 상황에서 개 물림 사고가 발생했다면 국가배상책임이 인정될 가능성이 있어 보인다.

최근 전국의 여러 지방자치단체는 주민 복지 증진 차원에서 반려인들이 중소형견부터 대형견까지 데리고 와 목줄을 하지 않은 상태로 놀 수 있는 공간을 운영하고 있다. 이곳에서 안전사고 예방을 위한 적절한 시설물 설치나 관리가 이루어지지 않아 개 물림 사고가 발생했다면 마찬가지로 국가배상책임을 추궁해 볼 만할 것이다. 참고로 현재 많은 지방자치단체는 영조물 배상책임보험에 가입해 지방자치단체가 운영하는 공공시설에서 사고가 발생했을 때, 피해자가 보험회사로부터 보험금을 수령해 손해를 보전할 수 있도록 하고 있다.

2021년 현재 우리나라 반려동물의 수는 1,500만 마리를 넘어섰고, 이중 60%가 반려견이라고 한다. 이는 스웨덴의 전체 인구와 엇비슷한 상황이다. 출생률이 급감하는 한편 1인 가구는 늘고 있어 반려동물을 가족으로 받아들이는 사람은 갈수록 늘고 있다. 그에 따라 개 물림 사고도 끊이지 않는다.

— · · · —

지금까지 살펴본 바와 같이 나의 반려견이 개 물림 사고를 일으켰을 때 현행법만으로도 무거운 책임을 부담해야 한다. '우리 개는 안 물어요'라는 생각이 위험하다는 것을 명심하면서 스스로와 반려견의 행동을 좀 더 주의하고 신경 쓴다면 앞서 소개한 사례와 같은 일은 줄어들 것이라 생각한다.

무더위 속
차에 방치된
강아지를 보았다면?

2020년 6월 부산의 한 아파트 주차장에서 차 안에 쓰레기와 함께 방치되어 있던 강아지가 발견되는 일이 있었다. 이를 두고 견주가 동물 학대를 했다는 논란이 거세게 일었다. 당초 신고를 받은 경찰과 관할관청은 "자동차에 방치한 행위만으로는 동물 학대에 해당한다고 보기 어렵고, 견주가 일정 시간이 되면 강아지를 집에 데리고 가서 먹이를 주었으므로, 해당 강아지가 질병에 걸렸다거나 상해를 입었다고 단정할 수 없어 바로 고발하기는 힘들다"는 미온적인 입장을 표했다.

'정말 동물을 자동차에 방치한 것을 동물 학대로 보기 어려운 걸까?'라는 의문이 들 것이다. 동물보호법 제8조 제2항에서는 '정당한 사유 없이 신체적 고통을 주는 행위'를 동물 학대로 보고 있다. 또 동물보호법 시행규칙 제4조 제6항 제2호에서는 보다 구체적으로 '동물의 습성 또는 사육환경 등의 부득이한 사유가 없음에도 동물을 혹서·혹한 등의 환경에 방치하여 신체적 고통을 주는 행위'를 학대 행위로 보고 있다.

동물보호법 제8조 (동물 학대 등의 금지)

② 누구든지 동물에 대하여 다음 각 호의 학대 행위를 하여서는 아니 된다.

4. 그 밖에 수의학적 처치의 필요, 동물로 인한 사람의 생명·신체·재산의 피해 등 농림축산식품부령으로 정하는 정당한 사유 없이 신체적 고통을 주거나 상해를 입히는 행위

동물보호법 시행규칙 제4조 (학대 행위의 금지)

⑥ 동물보호법 제8조 제2항 제4호에서 "농림축산식품부령으로 정하는 정당한 사유 없이 신체적 고통을 주거나 상해를 입히는 행위"란 다음 각 호의 어느 하나를 말한다.

2. 동물의 습성 또는 사육환경 등의 부득이한 사유가 없음에도 불구하고 동물을 혹서·혹한 등의 환경에 방치하여 신체적 고통을 주거나 상해를 입히는 행위

여름처럼 더운 날씨에는 밀폐된 차 안의 온도가 바깥보다 훨씬 높아 사람도 몇 분 이상 버티기 힘들다. 구체적인 상황에 따라 차이는 있겠지만 한여름, 한겨울에 밀폐된 차 안에 동물을 몇 분만 방치해도 상당한 신체적 고통을 줄 수 있어 이는 명백히 '동물 학대'에 해당한다. 더욱이 이번 사건과 같이 차 안에 쓰레기와 함께 방치된 동물이 비위생적인 환경 때문에 질병에 걸렸다면 때에 따라 사육·관리 의무 위반도 추가적인 문제가 될 수 있다.

숨 막히는 무더위,
차 안에 방치된 강아지를 봤다면?

학대받는 것으로 의심되는 동물을 발견한 사람은 누구든지 관할 지방자치단체장 또는 동물보호센터에 신고할 수 있다. 신고를 받은 지방자치단체의 장 등은 해당 동물을 구조해 보호조치를 취하고, 학대 행위자인 소유자와 동물을 격리해야 한다. 부산에서 발생한 사건도 결국 관할 관청이 견주의 행위가 '학대'에 해당함을 인지하고, 견주를 '동물보호법 위반' 혐의로 경찰에 고발했다. 그리고 다행히 현재 해당 강아지는 견주의 동의를 받아 동물보호단체가 구조해 최초 신고자가 임시 보호 중이다.

동물보호법 제14조 [동물의 구조·보호] ① 시·도지사[특별자치시장은 제외한다. 이하 이 조, 제15조, 제17조부터 제19조까지, 제21조, 제29조, 제38조의 2, 제39조부터 제41조까지, 제41조의 2, 제43조, 제45조 및 제47조에서 같다]와 시장·군수·구청장은 다음 각 호의 어느 하나에 해당하는 동물을 발견한 때에는 그 동물을 구조하여 제7조에 따라 치료·보호에 필요한 조치[이하 "보호조치"라 한다]를 하여야 하며, 제2호 및 제3호에 해당하는 동물은 학대 재발 방지를 위하여 학대 행위자로부터 격리하여야 한다. 다만, 제1호에 해당하는 동물 중 농림축산식품부령으로 정하는 동물은 구조·보호조치의 대상에서 제외한다.

1. 유실 유기 동물
2. 피학대 동물 중 소유자를 알 수 없는 동물
3. 소유자로부터 제8조 제2항에 따른 학대를 받아 적정하게 치료·보호 받을 수 없다고 판단되는 동물

제16조 [신고 등] ① 누구든지 다음 각 호의 어느 하나에 해당하는 동물을 발견한 때에는 관할 지방자치단체의 장 또는 동물보호센터에 신고할 수 있다.

1. 제8조에서 금지한 학대를 받는 동물
2. 유실·유기동물

한편, 스페인에서도 이번 사건과 유사한 일이 있었다고 한다. 찜통더위 속 자동차 안에 갇힌 강아지가 있었고, 고통을 호소하고 있는 강아지를 구하기 위해 경찰관은 자동차 창문을 깨고 강아지를 구조했다. 학대당하는 동물을 구조하기 위한 불가피한 행위였다고 볼 수 있다. 그러나 신고자가 강아지를 구하다 창문을 깨거나 차를 훼손했다면 견주 측에서 '재물손괴'를 주장할 수 있고, 신고자 개인이 강아지를 보호하기 위해 동의 없이 강아지를 데리고 오면 '절도'에 해당할 여지가 있다.

그렇다면 이런 사건에서 견주 측이 '재물손괴'나 '절도'를 문제 삼을 때 '긴급피난'을 적용해 위법성을 조각*할 수 있을까?

형법 제22조 (긴급피난)

① 자기 또는 타인의 법익에 대한 현재의 위난을 피하기 위한 행위는 상당한 이유가 있는 때에는 벌하지 아니한다.

'긴급피난'은 자기 또는 타인의 법익이 침해되고 있는 상황에서 이를 피하고자 불가피하게 위법 행위를 했을 때, 그 행위에 상당한 이유가 있다고 판단되면 벌하지 않는다는 의미이다. 이

• 위법성 조각이란 형식상 범죄 또는 불법 행위의 조건을 갖추었지만 실질적으로는 범죄 또는 위법으로 인정하지 않는 사유를 말한다. 조각 사유로는 정당행위나 정당방위, 긴급피난 등이 있다.

때 '침해받는 법익'에는 우리나라 형법상 보호되는 법익 외에도, 비형법적 법익을 포함한 '사회적 법익'도 해당한다고 보는 것이 학계의 다수설이다. 따라서 '동물보호의 기본 원칙'이 침해되는 상황 역시 긴급피난에서 말하는 '현재의 위난'에 포함되어야 하지만, 이와 같은 문제가 발생했을 때 '긴급피난'으로 인정받기는 어려운 것이 우리 사회의 현실이다.

결국 학대받는 것으로 의심되는 동물을 발견해도 이를 신고하는 것 이외에 별달리 손을 쓸 수 있는 방법은 없다. 아직까지 임의로 유형력을 행사해 동물을 강제로 구조할 수 있는 제도가 마련되어 있지 않기 때문이다. 그리고 현행법 아래에서는 학대받은 동물을 소유자로부터 격리해 보호조치 하더라도 소유자가 반환을 청구하는 경우 이를 거부할 수 있는 권한도 규정되어 있지 않다.

계속 증가하고 있는 동물 학대 사건을 막기 위해서는 실효성 있는 제도, 즉 소유자 등에게 학대받는 동물이 발견되었을 때 즉시 동물과 소유자를 긴급히 격리하고 끝까지 보호할 수 있는 제도 등의 마련이 필요할 것으로 보인다. 또한 무엇보다 반려인들 역시 반려동물을 본인의 소유물이 아닌 '생명의 주체'이자 존중받을 권리가 있는 '보호 대상'으로서 받아들일 준비가 되어 있을 때만 반려동물을 입양해야 할 것이다.

반려동물 자가 진료, 어디까지가 합법일까?

유방염 증세를 보이는 고양이에게 보호자가 직접 항생제와 해열제 주사를 놓다가 심각한 부작용이 발생한 사건이 있었다. 이 사건에서는 현행법에 따른 두 가지 위법 행위를 찾을 수 있다. 수의사의 처방전 없이 해당 의약품을 '판매한 자'의 약사법 위반 행위와, 수의사 자격 없이 반려동물에게 '진료행위를 한 자'의 수의사법 위반 행위이다.

동물용 의약품의 판매를 규율하는 '약사법'

의료법과 수의사법이 별개의 법률인 것과 달리, 의약품

에 대해서는 사람과 동물의 것 모두 약사법에서 규율하고 있다. 약사법에서는 사람이나 동물에게 쓰이는 것을 모두 '의약품'으로 정의하고, 그중 동물용으로 사용할 것을 목적으로 하는 의약품을 '동물용 의약품'이라고 하며 일부 특례 규정을 두고 있다.

우리 주변에서 볼 수 있는 '동물 약국' 역시 '약사'나 '한약사' 자격이 있는 사람만이 개설할 수 있는 약국의 일종이다. 그에 따라 약국을 개설한 약사나 한약사, 그리고 특례 규정에 따라 동물병원을 개설한 수의사만이 일반 소비자에게 동물용 의약품을 판매할 수 있다. 의사의 처방 없이 약국을 통해 살 수 있는 의약품이 한정되어 있듯이, 동물용 의약품도 마찬가지이다. 약물 사용의 위험도와 중요도에 따라 수의사의 처방 없이 살 수 있는 의약품은 제한되어 있다. 세부적인 대상은 약사법 위임을 받은 농림축산식품부와 해양수산부에서 정한 '처방대상 동물용 의약품 지정에 관한 규정'에 따른다.

약사법 제85조 (동물용 의약품 등에 대한 특례)

⑦ 약국 개설자는 제6항 각 호에 따른 동물용 의약품을 수의사 또는 수산질병관리사의 처방전 없이 판매할 수 있다. 다만, 농림축산식품부장관 또는 해양수산부장관이 정하는 다음 각 호의 어느 하나에 해당하는 동물용 의약품은 그러하지 아니하다.

1. 주사용 항생물질 제제

2. 주사용 생물학적 제제

약사법 제95조 (벌칙)

① 다음 각 호의 어느 하나에 해당하는 자는 1년 이하의 징역 또는 1,000만 원 이하의 벌금에 처한다.

11. 제85조 제6항·제7항을 위반하여 처방전 없이 동물용 의약품을 판매한 자

농림축산식품부, 처방대상 동물용 의약품 지정에 관한 규정 제3조 (동물 약국 개설자)

「약사법」 제85조 제7항 단서에 따라 동물 약국 개설자가 수의사 또는 수산질병관리사의 처방전 없이 판매하여서는 아니 되는 동물용 의약품은 다음 각 호와 같다.

1. 주사용 항생물질 제제

가. 제2조 제1호 다목의 항생·항균 물질을 유효성분으로 하는 동물용 의약품 중 주사제 제형의 동물용 의약품

2. 주사용 생물학적 제제

가. 제2조 제2호 가목의 생물학적 제제 중 주사제 제형의 동물용 의약품

해당 사건의 보호자가 사용했다고 하는 '아미카신'은 위 고

시에서 처방전 없이는 판매를 금지하고 있는 주사용 항생물질 제제에 해당한다. 따라서 수의사 처방전 없이 이 의약품을 판매한 자는 약사법 위반으로 1년 이하의 징역 또는 1,000만 원 이하의 벌금에 처할 수 있다. 그러나 약사법에서 해당 약품을 처방전 없이 '구매한 자'에 대한 처벌 규정은 따로 두고 있지 않다. 그렇다면 처방전 없이 판매할 수 없는 약품을 구매해 직접 주사한 반려인은 아무런 처벌을 받지 않는 것일까?

반려동물 자가 진료는
형사처벌이 가능한 '무면허 진료행위'

약품을 구매해 주사한 사람은 약사법으로는 처벌받지 않지만 수의사법 위반으로 처벌받을 가능성이 있다. 개정된 수의사법 시행령에 따라 2017년 7월 1일부터 반려동물에 대한 자가 진료는 원칙적으로 금지되었기 때문이다. 당시 강아지 공장에서 무자격자의 동물 수술이 논란이 되었고 동물보호단체와 수의단체들이 이를 막기 위해 제도 개선을 요구한 사건이 있었다. 농림축산식품부는 이러한 요구를 받아들여 다음과 같이 수의사법 시행령을 개정하기에 이르렀다.

수의사 외의 사람이 할 수 있는 진료의 범위 (수의사법 시행령 제12조)

개정 전	현행
1. 수의대학의 전공 실습을 위한 진료행위 2. 수의학 전공 학생의 양축* 농가 봉사활동을 위한 진료행위 3. 자기가 사육하는 동물에 대한 진료행위 또는 농림축산식품부령으로 정하는 비업무로 수행하는 무상 진료행위	1. 수의대학의 전공 실습을 위한 진료행위 2. 수의학 전공 학생의 양축 농가 봉사활동을 위한 진료행위 3. 축산 농가에서 자기가 사육하는 다음 각 목의 가축에 대한 진료행위 　가. 축산법 허가 대상 가축 　나. 축산법 등록대상 가축 　다. 기타 농림축산식품부장관이 고시하는 가축 4. 농림축산식품부령으로 정하는 비업무 무상 진료행위

　이에 따라 개, 고양이 등의 반려동물은 모두 자가 진료 허용 대상에서 제외되었다. 이로써 동물 생산업자, 동물 판매업자뿐만 아니라 가정에서 반려동물을 키우는 보호자도 자기가 키우는 동물에 대한 자가 진료행위를 할 수 없게 된 것이다. 그리고 이를 위반해 동물을 진료한 사람은 '무면허 진료행위'를 한 것으로 간주해 2년 이하의 징역 또는 2,000만 원 이하의 벌금에 처해질 수 있다.

　다만 가벼운 수준의 처치 등은 동물복지나 사회 상규에 반하지 않는 행위로서 허용되는데, 농식품부는 가이드라인을 통해

●　**가축을 기름**

몇 가지 예를 제시했다. 이번 사건과 같이 이미 유방염 증세를 보이는 고양이에게 항생제를 지속해서 주사한 반려인의 행위는 '사회 상규에 반하지 않는 행위'라 보기는 어렵다.

① 약을 먹이거나 연고 등을 바르는 수준의 투약 행위

② 동물의 건강 상태가 양호하고, 질병이 없는 상황에서 수의사 처방 대상이 아닌 예방 목적의 동물 약품을 투약하는 행위

③ 수의사의 진료 후 처방과 지도에 따라 행하는 투약 행위

④ 그 밖에 동물에 대한 수의학적 전문지식 없이 행하여도 동물에게 위해가 없다고 인정되는 처치나 돌봄 등의 행위

시행령 개정 이후 무등록 판매업자의 개에 대한 자가 진료 (백신, 장염약, 항생제 주사)를 처벌한 사례가 있었으나, 일반 보호자가 가정에서 진행한 자가 진료에 대한 처벌 사례는 아직 없는 것으로 보인다.

처방전 없이 판매 가능한 약품을 반려인이 직접 주사했다면?

앞의 유방염 증세를 보이는 고양이 사례는 처방이 불가능한 약품을 구매한 반려인이 자가 주사를 한 케이스이다. 그

렇다면 처방전 없이 판매가 가능한 예방접종 백신을 구매해 반려인이 집에서 예방접종을 했다면 어떻게 될까? 처방전 없이 구매할 수 있는 약품을 샀으니 약사법을 위반한 것도 아니고, 농식품부의 가이드라인에 따라 예방 목적의 동물 약품을 투약한 것이라 수의사법도 위반하지 않은 것이라고 할 수 있을까?

우선 예방접종에 해당하는 개·고양이용 백신은 현행 약사법 관련 규정에서 수의사 처방 없이도 구매가 가능하다. 따라서 약사법을 위반한 것은 아니다. 다만 예방 주사를 직접 놓은 것에 대해선 '무면허 진료행위'로 간주할 가능성이 있다. 농식품부가 제시한 가이드라인은 우선 형사재판에서 법원을 구속하지 않고, 가이드라인 ②의 '예방 목적으로 투약하는 행위'를 어디까지 인정할 것인가가 모호하기 때문이다. 즉 합법적으로 구매 가능한 약품을 샀더라도 투약 행위 자체가 불법이 될 수 있다는 것이다. 반려인 입장에선 억울할 수도 있는 부분이다.

농식품부는 이런 상황에 대한 문제 제기를 받아들여 2020년 11월 12일 자로 '처방대상 동물용 의약품 지정에 관한 규정'을 개정했다. 개정 고시에서는 동물용 마취제, 호르몬제, 항생·항균제를 수의사의 처방 없이 판매할 수 없도록 했다. 또한 2년의 유예기간을 거친 후인 2022년 11월 13일부터는 광견병백신, 개종합백신 구매에도 수의사의 처방이 필요하도록 했다. 그러나 여전히 개 코로나백신, 개 켄넬코프백신 등 일부 백신은 수의사의 처방전을 요구하지 않으며 약국에서 판매가 가능하다.

이와 같은 변화를 두고 수의사 단체와 약사 단체 사이에는 찬반 논란이 존재한다. 수의사회는 약국에서 임의로 구매한 약품을 사용했다가 건강이 나빠져 동물병원에 내원하는 경우가 적지 않다며 약사법 개정을 통해 동물 건강을 우선해야 한다는 입장이나, 약사회는 동물용 백신을 수의사 처방이 필요한 의약품으로 강제하면 동물보호자의 비용 부담이 늘어나 예방접종 포기로 이어질 수 있다고 주장한다.

· · ·

농식품부의 개정안이 시행되면서 약사법 개정안에 대한 논쟁은 일단락되었지만, 아직도 단체 간 의견이 대립하는 부분은 존재한다. 약사법과 수의사법의 목적은 결국 '올바른 진료'와 '정확한 치료'를 통한 건강권 보장이다. 특정 집단의 이익이 아닌 동물들의 건강을 최대한 지켜 줄 수 있는 방향으로 논의가 이어지길 바란다.

3부

인간과 동물의
행복한 공존을 꿈꾸며

길고양이와
들고양이,
그리고 '색동 목도리'

2019년 7월 24일, 환경부는 국립공원에 서식하는 들고양이 관리를 강화할 방침이라고 밝혔다. 구체적인 내용은 들고양이에게 새로운 중성화 방식을 시행하고, 새보호 목도리를 씌우는 것이다.

먼저 이달부터 국립공원 지역 들고양이의 중성화 방법을 기존의 정소와 난소를 제거하는 방식TNR에서 정소와 난소를 그대로 두고 정관과 자궁의 통로를 차단하는 방식TVHR으로 바꾸어 시행한다. 또 올해 안으로 국립공원 내 들고양이에게 외국에서 개발돼 효과를 보고 있는 것으로 알려진 새보호 목도리®를 씌우도록 한다. 이와 함께 들고양이의 생태적 위해성 정보를 알리는 차원에서 국립공원 탐방로 등에서 들고양이에게 먹이를 주지 말자는 홍보 활동을 펼치는 것도 환경부의 들고양이 관련 강화 방침 중 하나다.

길고양이는 '보호'하고
들고양이는 '포획'하라고?

도심에서 우리가 쉽게 보는 길고양이는 '보호'의 대상인데, 국립공원 같은 야생에 사는 들고양이에게는 왜 이런 정책이 시행되는 걸까. 그것은 '길고양이'와 '들고양이'에게 적용되는 법령과 관리 주체가 각각 다르기 때문이다.

들고양이의 관리 주체는 환경부로, 「야생생물 보호 및 관리에 관한 법률」(이하 '야생생물법')과 환경부 고시에 따라 야생동물 및 그 알·새끼·집에 피해를 주는 들고양이를 총기 사용을 포함해 포획, 생포한 후 안락사 등을 행할 수 있다. 반면 길고양이는 농림축산식품부가 관리 주체이며 동물보호법령의 적용을 받는다. 따라서 길고양이를 학대한다면 처벌받을 수 있고, 개체수 조절을 위해서 지자체장이 중성화를 할 수는 있으나 포획 시 총기 등을 사용할 수 없고, 생포 후 포획한 장소에 방사해야 한다.

> ●　원색의 천으로 만든 목도리로, 고양이 목에 채워 새 등의 동물이 고양이의 접근을 잘 인식하도록 하여 고양이의 사냥 성공률을 낮추도록 고안된 것

들고양이 적용 법률	길고양이 적용 법률
[야생생물 보호 및 관리에 관한 법률] 제24조(야생화된 동물의 관리) ① 환경부 장관은 버려지거나 달아나 야생화된 가축이나 애완동물로 인하여 야생동물의 질병 감염이나 생물다양성의 감소 등 생태계 교란이 발생하거나 발생할 우려가 있으면 관계 중앙행정기관의 장과 협의하여 그 가축이나 애완동물을 야생화된 동물로 지정·고시하고 필요한 조치를 할 수 있다. **[야생화된 동물의 지정]** 환경부 고시 제2015-174호 제2조(야생화된 동물) 야생동물 및 그 알·새끼·집에 피해를 주는 들고양이를 야생화된 동물로 지정한다. **[들고양이 포획 및 관리지침]** 환경부 예규 제562호 이 지침은 「야생생물 보호 및 관리에 관한 법률(이하 "법"이라 한다)」 제24조 및 동법 시행규칙 제32조의 규정에 의한 "야생동물 및 그 알·새끼·집에 피해를 주는 들고양이"의 포획업무를 처리함에 있어 필요한 절차 및 방법 등을 규정함을 목적으로 한다.	**[고양이 중성화사업 실시 요령]** 농림축산식품부고시 제2016-17호 제3조(중성화) 도심지나 주택가에서 자연적으로 번식하여 스스로 살아가는 고양이(이하 '길고양이'라 한다) 개체수 조절을 위해 거세·불임 등을 통해 생식능력을 제거하는 조치를 말한다. 제8조(방사) ① 중성화 수술 후 이상 징후가 없다면 수술한 때로부터 수컷은 24시간 이후, 암컷은 72시간 이후에 포획한 장소에 방사하여야 한다. 다만, 수의사가 수술한 길고양이의 상태, 기후여건 등을 판단하여 기간을 공감할 수 있으며 이 경우에는 규칙 별지 제7호서식의 보호동물 개체관리 카드에 사유를 기록해야 한다. ② 방사를 할 때는 포획한 장소에 방사하여야 한다. 다만 포획한 장소에 방사한 후 학대가 재발하거나 생존에 지장이 있는 변화가 발생한 경우 포획한 장소 이외의 장소에 방사할 수 있다. 이 경우에는 규칙 별지 제7호서식의 보호동물 개체관리 카드에 사유를 기록해야 한다.

그렇기에 들고양이에 대한 정책은 들고양이가 생태계를 파괴하는 외래종으로서 '유해'하다는 점에 방점이 찍혀 있고, 이에 따라 사살을 포함한 포획이 이뤄진 적도 있었다. 그러나 이러한

일시적인 포획은 들고양이 개체수 조절에 영향을 미치지 못했다. 더욱이 포획한 들고양이들은 보호시설에 간 뒤 새로운 환경에 적응하지 못한 채 목숨을 잃는 일도 있었다.

환경부의 새로운 관리 방침에 대해 일부에서는 우려의 목소리를 내고 있다. 우선 새로운 중성화 방식이 국내에서 처음 시행돼 그 안전성과 효과가 입증되지 않았다는 점, 사냥이 본능인 고양이에게 목도리까지 씌워 이를 막겠다는 것 자체가 '동물 학대'라는 점, 새보호 목도리로 사냥 능력까지 떨어진 들고양이가 사람들이 주는 먹이조차 없다면 어떻게 살아갈 수 있을지 하는 점 등이다. 하지만 환경부는 국립공원 내 생태계를 보전하고, 들고양이를 관리하기 위해 앞서 발표한 내용을 그대로 시행할 것으로 보인다.

환경부의 대책이 오히려 또 다른 문제점을 일으킬 수 있다는 지적도 있다. 색동 목도리를 쓰고 사냥 능력이 떨어진 들고양이에게 등산객들이 먹이도 주지 못하게 된다면 국립공원 내 들고양이들은 결국 도심지로 내려올 수밖에 없다. 결국 도심지에 길고양이가 늘어나게 된다면 그것은 소음, 환경 문제 등 또 다른 문제를 일으킬 것이고, 도심에서 살아가야 할 고양이들의 삶 또한 녹록지 않을 것이다.

들고양이 개체수를 제대로 관리하기 위해서는 국립공원 내 현재 개체수와 서식 양태를 면밀히 파악하는 작업이 선행되어야 한다. 또한 들고양이가 이미 야생화되어 국립공원 내 생태계의 일원으로 생활하고 있다는 점을 인정하고, 들고양이와 다른 동물 간의 공존을 고민해야 한다. 이를 위해 들고양이들이 야생동물 및 그 알·새끼·집에 주는 피해를 줄일 수 있도록 저지대에 급식소를 설치하는 등의 방법도 고려해 볼 수 있다.

들고양이 발생의 근본적 원인은 '유기'

들고양이가 발생하는 원인은 길고양이와 마찬가지로 '유기'이다. 집에서 기르던 집고양이가 유기되어 도심지를 배회하면 길고양이가, 인근 산 등으로 올라가게 되면 들고양이가 되는 것이다. 결국 집고양이의 유기를 막지 못한다면 들고양이 관리 대책은 한계가 있을 수밖에 없다.

2017년 동물보호복지 실태조사에 따르면 그해에 버려진 유기동물은 10만 2,593마리, 그중 고양이는 2만 7,083마리에 이른다. 반려동물의 유기를 막는 위해 동물 등록제, 동물 입양 절차의 엄격화, 소유 자격 제한 등 여러 가지 방안들이 논의되고 있다. 이 중 우리나라에서 현재 실시되고 있는 것은 '동물 등록제'인데, 현재 고양이는 반려동물 등록대상이 아니기에 유기나 유실에 훨씬 취약하다. 버려지거나 길을 잃어도 보호자 스스로 공고를 내는 것 외에는 보호자를 찾을 방법이 전혀 없기 때문이다.

고양이를 반려동물 등록대상에 포함시키는 것은 '들고양이 관리'에도 큰 도움을 줄 수 있을 것으로 보인다. 유실된 고양이는 보호자 품으로 돌려보낼 수 있고, 보호자에게 고양이에 대한 책임감을 더 강하게 지울 수 있기 때문이다. 이렇게 산속으로, 길거리로 새로 유입되는 고양이의 개체수를 줄여 나가는 대책과 동시에 중성화를 함께 진행한다면 국립공원 내 들고양이뿐만 아니라 도심지의 길고양이 개체수도 관리하기가 수월해질 것이다.

* * *

들고양이 관리를 위해 선행되어야 할 것은 고양이가 불편하면 언제든 벗어 버릴 수 있는 색동 목도리가 아니라, 반려묘를 체계적으로 관리하는 시스템이다.

죽어 가는 고양이
구조했는데
주거침입죄라고?

2020년 2월, 수원지방법원은 고양이 구조를 위해 타인의 집에 들어간 A씨에게 '주거침입'과 '재물손괴' 책임을 물어 벌금 70만 원을 선고했다. 사건의 내용은 다음과 같았다.

2018년 11월 13일, A씨는 반려견과 산책하던 중 아기 고양이 울음소리를 듣게 되었다. 소리를 따라가 보니 한 가정집 지하실 벽 안쪽에서 울음소리가 들렸고, A씨는 집주인에게 '고양이를 구조해도 되는지' 의사를 물었다. 그러자 집주인은 '하려면 해 봐라, 원상 복구만 해 놓으면 상관없다'고 대답했다. A씨는 "구조 전에 연락을 드릴 테니 연락처를 달라"고 이야기했고, 집주인은 "이 문제로 아내와 트러블이 생겨서 여기에 관여하고 싶지 않다. 새벽에 일을 나가니 구조 전날 (대문에) 메모를 붙여 알려만 달라"고 말했다고 한다.

이에 A씨는 집으로 돌아갔으나 "며칠 전부터 울음소리가 들렸다"는 집주인의 이야기가 너무 신경이 쓰였다. 빨리 구조하지 않으면 생명이 위험하겠다는 생각이 들었기 때문이었다. 그래서 다시 그 집으로 달려가 '아침에 바로 구조하겠다'는 내용의 메모와 자신의 전화번호를 남겨 두고 왔다. 다음 날인 14일 16시경 A씨는 집주인에게 '(메모를 붙이러) 어제 찾아갔는데 집 안에 사람이 없어 문자를 남겼다. 구조과정에서 발생하는 비용은 제가 낼 테니 걱정 마시라'면서 '일단 할 수 있으면 구조해 보라고 하셔서 구조를 진행하려 하고, 하기 전에 알려 달라고 해서 어제 찾아갔다'라고 문자를 남겼다. 하지만 집주인의 답장을 받지는 못한 상태였다.

이후 1시간쯤 지났지만 답장을 받지 못한 A씨는 고양이보호협회 회원인 지인, 벽을 뚫을 수 있는 기술자 한 명과 함께 열린 창문을 통해 집으로 들어가 고양이를 구조했다. 만약의 상황에 대비해 구조 전 경찰에 신고하는 것도 잊지 않았다. 벽을 열어 보니 아기 고양이 3마리 중 2마리는 죽어 있었고, 1마리만 간신히 살아 있었다. 그 아이마저도 심한 탈수 현상을 보여 즉시 병원으로 옮겼고, 다행히 치료를 잘 받아 건강을 회복했다고 한다.

그런데 이후 집주인이 돌연 A씨를 신고했다. A씨는 경찰 수사를 받게 됐고, 1심 결과 70만 원의 벌금형을 선고받았다.

법원이 판결문에서 설명한 유죄 이유는 이러하다. 피해자(집주인)의 승낙은 '상호협의를 전제로 구조 활동에 협조하겠다는 의사를 표현'한 것으로, 피해자(집주인)가 없는 상황에 집 안으로 들어가 구조 활동을 펼치고 집을 손괴한 것까지 동의하지 않았다는 것이다.

사실 집주인이 구조에 동의했는지 여부는 동의에 대한 서면 증거 혹은 녹취가 없다면 집주인과 구조자만이 알 수 있는 사실이다. 실제 집주인은 경찰, 검찰 조사에서는 '동의한 적 없다'고 진술하다가 법원에 출석해서는 "구조하라고 한 것은 맞지만 '할 테면 해 보라'는 뜻이었지, 진짜로 구조를 하라는 건 아니었다"고 말을 바꾸었다.

재판에서 '동의 여부'를 두고 다툼이 발생하면 유죄의 입증 책임은 '검사' 측에 있다. 이번 사건에 대입해 보면 검사 측, 즉 피해자가 '동의한 적이 없다는 것'을 입증을 해야 한다. 다만 재판을 진행하다 보면 피고인이 '동의를 받았다'고 입증해야 하는 경우가 있다. 지금처럼 검사 측(집주인)이 동의에 대해 모르쇠로 일관하거나 일방적으로 '그런 뜻이 아니었다'고 하는 상황이다. 이런 상황에 처한다면 피고인은 동의에 대한 녹취나 서면 기록을 가지고 있지 않은 이상 속수무책이 되어 버릴 수밖에 없다.

더욱 중요한 것은 법원이 판결문에서 피고인이 주장한 '긴급피난'과 '정당행위'를 인정하지 않았다는 것이다. 법원은 죽어가는 아기 고양이를 구조하는 것이 타인의 주거에 침입하고 재산을 손괴해야 할 정도로 긴급하거나 상당한 사안이 아니라고 본 것이다.

> **정당행위** : 형법 제20조. 법령에 의한 행위 또는 업무로 인한 행위, 기타 사회 상규에 위배되지 않는 행위
>
> **긴급피난** : 형법 제22조. 긴급피난은 위난* 상태에 빠진 법익을 보호하기 위해서, 다른 법익을 침해하지 않고는 달리 피할 방법이 없을 때 인정되는 정당화 사유의 하나

언제부터인지는 알 수 없지만 아기 고양이들이 며칠째 벽에 갇혀 아무것도 먹지 못하고 있는 상황이었고, 이미 3마리 아기 고양이 중 2마리는 목숨을 잃고 1마리마저도 목숨이 위태로운 상태였다. 이런 상황이, 법원이 긴급피난, 정당행위를 판단하는 기준인 '긴급성, 상당성'이 부족한 것일까? 만일 벽 뒤에서 어린 아이의 울음소리가 났고 벽을 뜯어 보니 그 아이가 위험한 상황이었다면 어땠을까? 과연 법원이 긴급성과 상당성을 부정하고, 구조자에게 주거침입죄, 재물손괴죄 위반이라는 범죄의 낙인을

---

* **위급하고 곤란한 경우**

찍었을까?

판결문에는 "구조자가 집주인의 주거 평온을 해치고, 거실 벽면을 뚫어 손괴하였다"라는 문장이 등장한다. 아무도 살지 않는 '지하실의 평온'과 '원상복구 가능한 벽의 일부'의 가치가, 구조되지 않았다면 세상을 떠났을지 모르는 생명보다 소중한 것인지, 생명을 구하기 위해 했던 불가피한 행동을 어디까지 범죄로 바라볼 것인지 우리 법원의 많은 고민이 필요해 보인다.

아울러 선의로 동물을 구조하려다 형사 사건에 휘말리게 되면 물적·정신적 손해를 입을 수밖에 없기에 그 가능성을 미연에 방지하는 것이 중요하다. 가장 확실한 방지법은 도움이 필요한 동물을 발견하면 직접 구조에 나서기보다는 경찰에 신고하고, 구청 등 지방자치단체 담당자가 구조할 수 있도록 조치를 취하는 것이다. 다만 다른 사람의 주거지에서 불가피하게 동물을 구조해야 한다면 반드시 거주자의 '동의'를 서면이나 녹취로 남기는 등 명확한 확인 자료를 확보하기 바란다.

· · ·

한 생명을 구한다는 것은 그 존재가 사람이든, 동물이든 굉장히 용기 있고 선한 일이다. 이 사건에 대한 법원의 판단이 한 생명을 구하려고 나서는 사람들을 망설이게 하는 건 아닐지 안타까울 따름이다. 선한 의도에서 한 행동이니 모든 행동을 용인해 주어야 한다고 이야기하는 것이 아니다. 다만 도움이 필요한 동물들에게 손을 내미는 행동이 조금 더 환영받고 힘을 얻을 수 있는 환경이 마련되었으면 한다. 우리 사회의 법적인 잣대도, 아픈 동물을 바라보는 시선도 조금 더 변화하기를 바란다.

길고양이
연쇄 학대 사건,
그리고 잠재된 폭력성

연이어 발생한 고양이 학대 사건들이 많은 이들의 마음을 아프게 한다. 2020년에는 경의선 숲길 고양이를 살해한 40대 남성과, 이틀 사이에 고양이 2마리를 잔혹하게 살해한 50대 남성이 실형을 선고받으면서 동물 학대에 대한 사회적 관심도 더 뜨거워졌다.

그 와중에 경북 포항시에 위치한 한동대학교에서 길고양이 연쇄 학대 사건이 발생했다. 2019년 8월 5일부터 2020년 3월까지 8개월간 총 7건의 고양이 학대 사건이 연달아 벌어졌으나, 당시 교내 CCTV의 사각지대에서 범행이 발생한 까닭에 용의자를 특정하지 못하는 상황이 오랫동안 이어졌다.

2019년

- 8월 5일 : 덫에 걸린 채 움직이지 못하는 고양이 발견
- 8월 28, 31일 : 앞발이 절단된 고양이 발견
- 9월 5일 : 고양이 태아 사체 5구와 잘린 귀 2쪽 발견
- 9월 6일 : 덫에 걸린 채 죽은 고양이 발견

2020년

- 2월 17일 : 고양이 사체 발견 (큰 상처 3개와 출혈, 전문가 소견상 독극물 섭취가 주요 사인)
- 3월 13일 : 와이어에 묶인 채 나무에 매달아 놓은 고양이 사체 발견
- 3월 15일 : 초록색 줄과 함께 고양이 사체 발견

잔혹한 고양이 연쇄 학대범
잡혀도 고작 실형 8개월?

사건들에서 드러난 행위 모두 고양이를 죽음에 이르게 하거나 동물 신체를 손상한 것으로, 명백히 동물보호법 제8조에서 규정하는 '동물 학대 행위'에 해당한다. 하지만 고양이 연쇄 학대범의 죄는 이뿐만이 아니다.

범인은 동물 학대 행위와 더불어 '한동냥'(한동대 안에 사는 고

양이들을 돌보는 동아리) 혹은 '한동냥 소속 학생들'의 소유 물품인 고양이 겨울집과 급식소를 파손하고, 사료통·포획틀을 훔쳤다. 이것은 형법 제366조 '재물손괴죄'와 형법 제329조 '절도죄'에 해당한다.

형법 제366조 (재물손괴 등)

타인의 재물. 문서 또는 전자 기록 등 특수매체 기록을 손괴 또는 은 닉, 기타 방법으로 기 효용을 해한 자는 3년 이하의 징역 또는 700만 원 이하의 벌금에 처한다.

형법 제329조 (절도)

타인의 재물을 절취한 자는 6년 이하의 징역 또는 1,000만 원 이하의 벌금에 처한다

한편 범인은 학교 건물 벽에 무단으로 '경고문'을 부착하기도 했는데, 다음과 같은 협박 내용을 담고 있었다.

① 교내 길고양이에게 먹이와 물 급여 금지
② 고양이집 모두 폐기
③ 한동냥의 교내, 외부 개인, 단체에 후원 요구 금지
④ 길고양이 굿즈 판매 금지

⑤ 한동냥 동아리 해체

⑥ 한동냥 카카오톡 단체방 및 카톡 플러스, 페북 등 모든 SNS 해체

⑦ 중성화(TNB) 사업 금지

⑧ 병들거나 다친 길고양이 치료 금지

⑨ 먹이와 물을 급여하고 싶다면 '캣맘충' 본인 집에 데려가 키울 것

⑩ 길고양이에 대한 본인들의 권리 주장 금지, 만약 위 사항들을 지키지 않을 시 피해는 고양이에게 돌아감

이처럼 한동대 길고양이 연쇄살해 사건의 특이점은 단순히 길고양이를 살해했을 뿐 아니라, '한동냥'을 향한 경고문까지 첨부하여 길고양이를 돌보는 사람들에까지 적개심을 당당하게 드러냈다는 사실이었다. 범인은 경고문에서 한동냥에게 동아리 해체, 길고양이와 관련된 사업을 하지 말 것 등을 강요했다. 이는 '협박으로 사람의 의무 없는 일을 하게 한 것'으로 형법상 강요죄에 해당하지만, 실제로 한동냥 학생들이 범인의 요청대로 하지는 않았으므로 '강요 미수죄'에 해당할 수 있다.

형법 제324조 (강요)

① 폭행 또는 협박으로 사람의 권리 행사를 방해하거나 의무 없는 일

을 하게 한 자는 5년 이하의 징역 또는 3,000만 원 이하의 벌금에 처한다.

동물 학대 외에도 절도 및 재물손괴, 강요 미수죄 등의 범죄를 저지른 범인이 재판을 받게 된다면 과연 어떤 처벌을 받을 수 있을까? 앞서 실형이 선고된 경의선 숲길 사건과 토순이 사건은 재물손괴까지 인정돼 각각 징역 6개월, 8개월로 선고가 났다. 한동대 고양이 연쇄 학대 사건도 이와 비슷할 것으로 조심스럽게 예측해 볼 수 있다. 나아가 고양이 학대가 연쇄적으로 일어났다는 점, 그 잔혹성이 날로 심해졌다는 부분에서 좀 더 높은 형량을 받을 수 있을 것이라 기대해 볼 수는 있다. 하지만 그동안 동물 학대에 대한 처벌 형량이 크지 않았다는 점, 강요 '미수'에 해당한다는 점 등을 미루어 보면 앞선 동물 학대 재판과 비슷한 형량이 나올 것으로 보인다.

이런 상황에서 학교 측은 부적절한 대처로 비난을 받았다. 범인을 잡기 위해 CCTV를 늘리거나 교내 방범 및 순찰을 강화하는 등의 대책을 세우기보다, 길고양이를 모두 잡아서 동물보호소 등에 보내겠다는 방안을 내놓은 것이다. 이처럼 학교 측은 동물 학대 행위의 위험성을 심각하게 인지하지 못한 채 미온적으로 대처하고, 학생 보호에 대해서도 미흡한 계획만을 제시했다.

실제 한동냥 소속 학생들은 범인의 경고문에 두려움을 느끼고 밤길을 혼자 다니는 것이 무섭다고 이야기했다. 지난 2017년에 발생한 인천 초등학생 살인 사건의 경우, 범인이 평소 고양이 해부를 즐기는 등 동물 학대 행위를 지속해 왔다는 점에서 한동대 고양이 연쇄 학대 사건도 사람에 대한 위해 행위로 확장될 가능성이 충분히 있다.

생명에 대한 잠재적 폭력성을 드러내는 동물 연쇄살해

한동대 고양이 연쇄 학대 사건은 범죄사실이 명확함에도 불구하고 용의자를 특정할 수 있는 단서가 없어, 길고양이뿐만 아니라 한동대 학생들까지 잠재적인 위험에 노출된 채 점점 미궁으로 빠지는 듯했다. 그러나 범인은 경찰이 수사망을 좁혀 오자 길고양이 살해행위를 잠시 멈추었을 뿐, 경찰의 수사력이 약해진 틈을 타 2022년 6월경 다시 범행을 시작했다. 범인은 예전보다 좀 더 대담해져 포항의 초등학교 인근에 죽은 새끼 고양이를 노끈에 매달아 놓았고, '야생 고양이 불법 먹이 투기는 명백한 불법 행위이며 범죄다'라는 내용의 경고문도 부착해 놓았다(일명 포항 아기 고양이 '홍시' 살해 사건).

다행히 범인의 행적이 인근 차량 블랙박스에 포착되었고, 경찰은 범행 장면이 확인된 CCTV 및 블랙박스 영상을 확보해 사건 발생 9일 만인 2022년 6월 21일 30대 남성 A씨를 체포했다. 조사 결과, 포항시 북구 양학동에서 생후 4개월 길고양이를 살해해 초등학교 통학로에 매달아 동물을 학대한 혐의로 구속된 이 남성이 한동대 길고양이 연쇄살해 사건의 범인과 동일인임이 밝혀졌다. 죽은 고양이를 전시하듯 노끈에 매달아 놓는 행위, 길고양이에 대한 적개심을 담은 경고문을 부착하는 행위가 동일하여 수사기관에서 동일인의 소행임을 예상했고, 그 예상이 적중했던 것이었다. A씨는 2020년 3월 포항 도심 중앙상가에서 발생한 고양이 살해 사건도 저지른 것으로 확인됐고, 경찰 조사에서 총 13마리의 고양이 살해 혐의를 시인했다. A씨는 2022년 9월 21일 1심에서 징역 2년 6개월을 선고받았다.

· · ·

이로써 확인하고 싶지 않은 끔찍한 사실 하나를 다시 확인하게 되었다. 범죄자는 연쇄살인과 마찬가지로 동물 연쇄살해도 쉽사리 멈추지 못한다는 사실이다. 즉 외부적 요인으로 살해를 일시 중단하는 것은 가능할지 몰라도, 그 외부적 요인이 사라지거나 약해지면 곧바로 다시 학대 행위를 재개하며 그 행위는 점점 대담해진다는 것이다. 범인은 해소하지 못한 분노를 동물에게 투영하여 잔혹하게 살해한 것은 아닐까.

다행히 이번에는 동물 연쇄살해 행위로만 그쳤지만, 범인은 경고문을 통해 길고양이와 우호적 관계를 맺은 사람들을 향해 협박을 지속했다. 만일 이번에 체포되지 않았다면 그러한 협박은 사람들에 대한 강력 범죄로 이어질 가능성도 농후했다. 동물 살해는 폭력을 습득하는 과정이고 이렇게 습득한 폭력성은 인간에 대한 폭력성으로 이어질 수 있다.

어떤 동기로든, 그 대상이 동물이든 인간이든 폭력은 정당화될 수 없다.

반달가슴곰과 호랑이, 멸종위기종 복원은 절반의 성공

　　최근 뉴스에서 '호랑이'와 관련된 소식을 종종 접할 수 있다. 호랑이 발자국을 발견했다는 소식부터 호랑이가 민가로 내려와 밖에 있던 개를 물어 죽인 것은 물론, 도로에서 차량과 충돌해 목숨을 잃었다는 소식까지. 이전에는 거의 발생하지 않았던 일들이 이제는 그 빈도가 점점 잦아지고 있다.

　　인간과 야생 호랑이와의 접촉이 늘어난 것은 '멸종위기종 복원' 노력에 따른 결과물이다. 세계자연보전연맹(IUCN) 적색 목록에 오른 '아무르 호랑이'는 러시아 정부의 보호 노력 덕에 현재 개체수가 약 560~600마리까지 늘어났고, 이 가운데 90% 정도가 러시아 극동지역에서 서식하고 있는 것으로 추정된다. 개체수가 늘어나고 있지만, 서식지는 여전히 좁은 현실에서 이와 같은 문제들은 예견된 결과였을지도 모른다.

복원 시도 및 보호 중인 멸종위기 동물과 인간의 접촉이 늘어난 것은 우리나라 역시 마찬가지다. 최근 국립공원 관리공단에서 반달가슴곰을 지리산, 덕유산 국립공원에 방사한다는 소식이 들려왔다. 그리고 시간이 지나 반달가슴곰이 양봉 농가를 찾아가 꿀을 먹었다거나, 서식지 이동 중 교통사고를 당해 다리 등이 골절됐다는 보도가 들려왔다.

야생생물법 제2조에서는 '멸종위기 야생생물'을 규정하고 있고, 제13조에서는 환경부장관에게 멸종위기 야생생물에 대한 보전대책을 수립할 것을 규정하고 있다.

야생생물법 제2조 [정의]

2. "멸종위기 야생생물"이란 다음 각 목의 어느 하나에 해당하는 생물의 종으로서 관계 중앙행정기관의 장과 협의하여 환경부령으로 정하는 종을 말한다.

가. 멸종위기 야생생물 1급: 자연적 또는 인위적 위협요인으로 개체수가 크게 줄어들어 멸종위기에 처한 야생생물로서 대통령령으로 정하는 기준에 해당하는 종

나. 멸종위기 야생생물 2급: 자연적 또는 인위적 위협요인으로 개체수가 크게 줄어들고 있어 현재의 위협요인이 제거되거나 완화되지 아니

할 경우 가까운 장래에 멸종위기에 처할 우려가 있는 야생생물로서 대통령령으로 정하는 기준에 해당하는 종

제13조 (멸종위기 야생생물에 대한 보전대책의 수립 등) ① 환경부장관은 대통령령으로 정하는 바에 따라 멸종위기 야생생물에 대한 중장기 보전대책을 수립·시행하여야 한다.

② 환경부장관은 멸종위기 야생생물의 서식지 등에 대한 보호조치를 마련하여야 하며, 자연 상태에서 현재의 개체군으로는 지속적인 생존이 어렵다고 판단되는 종을 증식·복원하는 등 필요한 조치를 하여야 한다.

③ 환경부장관은 멸종위기 야생생물에 대한 중장기 보전대책의 시행과 멸종위기 야생생물의 증식·복원 등을 위하여 필요하면 관계 중앙행정기관의 장과 시·도지사에게 협조를 요청할 수 있다.

④ 환경부장관은 멸종위기 야생생물의 보호를 위하여 필요하면 토지의 소유자·점유자 또는 관리인에게 대통령령으로 정하는 바에 따라 해당 토지의 적절한 이용방법 등에 관한 권고를 할 수 있다.

이에 환경부에서는 '늑대·반달가슴곰·사향노루·산양' 등을 1급 멸종위기 야생동물로, '담비·물개·삵·하늘다람쥐' 등을 2급 멸종위기 야생동물로 지정하고 있다. 또 환경부 산하 국립공원관리공단 종복원기술원에서는 2004년부터 지리산에서 반달가

습곰의 종복원사업을 진행하고 있다.

이처럼 멸종위기에 처한 반달가슴곰의 개체수가 확장되고 서식지에 정착해 살고 있는 것은 굉장히 기쁜 소식이다. 그러나 반달가슴곰의 개체수와 서식지가 확장됨에 따라 인간과의 접촉이 늘어나는 일은 필연적으로 발생할 수밖에 없다. 가까운 나라 일본에서는 2016년경 아키타 현에서 반달가슴곰이 죽순과 산나물을 채취하던 사람을 습격해 4명이 죽고 2명이 중상을 입었던 사건이 있었다.

반달가슴곰 개체수 증가에 따른 인명 피해 우려가 발생하자 환경부에서는 다음과 같은 '반달가슴곰을 만났을 때 행동 요령' 등을 알리고 있긴 하지만, 과연 이 같은 행동 요령만으로 인명, 재산 피해를 막을 수 있는지에 대해선 의문이다.

◆ 조용히 그 자리를 벗어나거나, 가까이서 갑자기 곰을 만났을 경우 등을 보이고 도망가지 말고, 시선을 응시하며 뒷걸음질 치며 멀어진다.
◆ 곰이 공격해 온다면 도구를 최대한 사용해 저항하되, 그럴 수 없는 경우 급소를 보호하는 자세를 취한다.
◆ 곰을 만나면 죽은 척해야 된다는 말은 잘못된 상식이다. 죽은 척하는 건 자살행위와도 같다.
◆ 돌이나 물건을 던지지 않는다.

◆ 먹이를 주거나 남은 음식물을 버리면 안 된다. 사람이 주거나 버린 음식물에 한번 맛을 들이면 자연 적응에 실패하거나 사람 가까이 접근할 수 있어 매우 위험하다.

◆ 촬영을 시도하거나 인공적으로 반짝이는 플래시는 반달가슴곰에게 위협을 느끼게 하여 사람을 공격하게 만들 수 있다.

◆ 반달가슴곰은 금속성 소리를 싫어하므로 호각을 크게 불거나 방울소리를 내면서 자리를 피한다.

◆ 손을 크게 휘두르거나 높은 바위에 올라가 곰보다 더 큰 존재임을 알린다.

◆ 몸에 지닌 물건을 하나씩 놓으면서 후퇴한다.

그렇다면 이런 문제를 미연에 방지하기 위한 장치들은 없을까? 야생생물법 제27조에서는 멸종위기 야생생물 특별보호구역을 지정하고, 제29조에서는 일정한 기간 출입을 제한하거나 금지할 수 있도록 하고 있다. 하지만 그렇다 한들 앞의 사례처럼 개체수가 늘어난 멸종위기 동물들이 서식지나 특별보호구역을 넘어서 정착할 경우 인간과의 접촉을 막을 수 있는 방법은 없는 상황이다.

과거부터 멸종위기 종복원절차에 대한 문제 제기는 꾸준히 있어 왔다. 멸종위기 종을 풀어놓을 서식처의 환경이 적당한지 등에 대한 타당성 검사가 부족하다는 것이다. 세계자연보전연

맹의 '야생동물 방사 지침'은 복원사업의 타당성 검토, 질병 전파 가능성, 사후조사를 통한 생태계 영향 확인 등 3단계를 반드시 거쳐야 한다. 또 이 과정에서 특히 복원 성공을 위한 서식지의 크기 및 먹이 조건 등 생물학적 조사 연구를 선행해야 한다고 규정하고 있다. 하지만 우리나라의 멸종위기 종복원사업에서는 이런 과정이 생략된 채 추진되고 있다는 학계, 환경단체, 전문가들의 지적이 분명 존재했다.

멸종위기종 복원의 가장 성공적인 사례로 꼽히는 것은 '로키산맥의 회색 늑대 복원사업'이다. 이 프로젝트는 1966년 복원 논의가 본격적으로 시작된 뒤 1974년 복원팀이 구성되었고, 1982년 복원 계획 수립, 1985~1993년 국민 의견 수렴을 거쳤다. 무려 29년간의 준비 끝에 1995년 로키산맥 북부 지역에 회색 늑대 66마리가 시험 방사되었고, 현재 옐로스톤 국립공원이나 아이다호, 몬태나 주 등에 회색늑대 1,000여 마리가 서식하고 있다. 이 과정에서 환경단체나 목축업자들의 반대도 분명했지만, 이를 해결하기 위해 중앙정부, 지자체, 시민 단체들이 많은 시간과 비용을 들여 합의점을 찾아냈다.

물론 해외 사례를 두고 이야기하기엔 절대적인 국토 면적의 차이 등을 무시할 수는 없다. 하지만 중요한 것은 멸종위기종 복원을 진행하는 과정에서 단순히 '멸종위기 동물이 우리나라에 살고 있다'는 부분에만 집중해서는 안 된다는 것이다. 다시 이

땅에서 살아 숨 쉴 동물들이 지낼 공간적 여력은 충분한지, 이를 마련하기 위해서 사람들과의 이해관계는 어떻게 맞춰 나갈 것인지, 향후 인간과의 접촉으로 인해 발생할 문제는 없는지 등 충분한 조사와 검토, 논의가 필요하다는 것이다.

현재 지리산에 서식 중인 반달곰은 약 56마리다. 그리고 앞으로 백두대간 등으로 그 서식지를 넓혀 나갈 것이다. 또 중국, 러시아, 북한 국경 지대에서 개체수를 늘려 나가고 있는 호랑이 역시 백두대간 쪽으로 이동하고 있는 추세라고 한다. 아마 10년 뒤면 한반도에서도 호랑이를 볼 수도 있을지 모른다는 예측도 나오고 있다.

그렇다면 우리는 이제 무엇을 해야 할 것인가. 복원한 반달가슴곰이나 한반도로 내려온 호랑이가 사람들에게 피해를 주니 '유해 동물'로 지정하고 포획을 해야 하는 아이러니한 상황을 맞아야 하는 것일까. 이 땅에 자리 잡고 살던 동물들이 다시 돌아온다는 것은 참으로 반길 일이지만, 그 이전에 동물들을 다시 받아들이고 인간과 공존할 수 있는 환경을 먼저 만들어 두는 것이 '멸종위기종 복원'보다 선행되어야 할 일이 아닐까 싶다. 그러기 위해선 멸종위기종 복원을 위한 법적, 제도적 장치를 정비하고, 동물들의 터전을 마련하기 위한 논의를 좀 더 치밀하고 구체적으로 이어 나갈 기반이 마련되어야 할 것이다.

설악산 오색 케이블카 사업, 아직도 끝나지 않은 건가요?

2019년 9월 16일, 환경부 원주지방환경청은 설악산 케이블카 사업에 대해 '부동의'한다는 입장을 밝혔다. 케이블카 사업에 대한 환경영향평가 과정에서 설악산의 자연환경, 생태경관, 생물 다양성 등에 미치는 영향과 설악산 국립공원계획 변경 부대조건 이행 방안 등을 검토한 결과, 사업 시행 시 부정적인 영향이 우려되고, 환경적인 측면에서도 바람직하지 않다는 이유에서였다.

이와 같은 원주지방환경청의 결정으로 설악산 오색 케이블카 사업이 백지화될 수도 있는 만큼 많은 환경단체와 동물보호단체가 그 결정을 환영했다. 동물권연구변호사단체 PNR 또한 설악산에 거주하는 산양들을 원고로 내세워 문화재청장을 상대로 '국가지정문화재 현상 변경 허가 취소 소송'을 제기한 적이 있어 매우 반가운 소식이었다.

국가지정문화재 현상 변경 허가 취소 소송

설악산국립공원은 국가지정 문화재인 천연기념물 171호로, 이곳에 케이블카를 설치하려면 문화재청의 문화재 현상 변경 허가가 필요하다. 환경단체와 강원 지역 주민 등은 문화재청을 상대로 설악산 케이블카 설치에 반대하는 소송을 냈으나 패소했다.

환경영향평가

환경영향평가법 제22조에 근거해 환경에 영향을 미치는 실시 계획, 시행 계획 등의 허가, 인가, 승인, 면허 또는 결정을 할 때 환경에 미치는 영향을 미리 조사, 예측, 평가해 해로운 환경 영향을 피하거나 제거 또는 는 감소시킬 수 있는 방안을 마련하는 것

환경영향평가 부동의

해당 사업의 시행이 환경에 미치는 영향이 환경 보전 상 상당한 문제점이 있다고 판단돼 해당 사업의 규모, 내용, 시행 시기 또는 위치에 대해서 변경, 조정 등의 사업 계획을 재검토하도록 의견을 제시하는 것

원주지방환경청은 현지 조사를 통해 사업 예정지 및 직·간접 영향권에서 산양, 하늘다람쥐, 담비, 무산쇠족제비, 독수리 등 멸종위기 야생동물 13종이 서식하고 있음을 확인했고, 평가 대상 지역은 보호종의 서식지로서 생태적 보전 가치가 매우 뛰어난 곳이라고 밝혔다. 특히 멸종위기 야생생물인 '산양'은 38개체가 발견되었는데, 케이블카 지주 및 상부 정류장 인근에서도 다수 개체가 서식하고 있음이 확인되었다. 원주지방환경청은 이에 따라 일정 행동권 내에서 서식, 번식하는 산양의 특성을 고려할 때 사업 예정지에 케이블카를 설치하는 것은 바람직하지 않다는 결론을 내렸다. 사업 추진자 측은 산양이 공사 지역을 회피해 서식지를 옮길 것이라고 주장했지만, 원주지방환경청은 이에 동의하지 않았다.

그렇다면 설악산 케이블카 사업은 '백지화'된 것일까?

언론에서는 오색 케이블카 사업의 백지화를 이야기하지만, 안타깝게도 설악산 케이블카 사업이 아직 법적으로 '백지화'된 것은 아니다. 환경단체들이 환경부 장관을 상대로 제기한 '국립공원계획 변경처분 무효확인소송'은 1심에서 패소한 후 아직 항소심이 진행되고 있다. 원주지방환경청의 부동의 결정 이후, 최근 열린 변론기일에 피고인 '환경부' 측은 환경단체 입장대로 '국립공원계획 변경처분'을 무효화해야 한다는 주장을 펼쳤다고 한다. 원주지방환경청의 '부동의' 결정에 대해 일관성을 갖기 위해서 스스로 방어권을 포기한 셈이다.

하지만 법원은 "국립공원위원회의 승인을 받은 국립공원계획 변경은 행정 절차상 협의 과정의 일부인 환경영향평가 결과보다 상위 결정이라 판단한다"면서 환경영향평가 결과와는 별개로 재판을 이어 나갈 것을 밝혔다. 원주지방환경청의 '부동의' 결정으로 케이블카 사업이 백지화될 것이라고 기대했다면 법원의 이러한 판단이 조금은 의아하게 여겨질 것이다. 법원이 이처럼 판단한 이유는 다음과 같다.

'국립공원계획 변경'은 자연공원법 12조에 따라 국립공원위원회 심의 등을 거쳐 환경부 장관이 고시하는 것이다. 원주지방환경청이 부동의 결정을 내릴 때 근거가 된 '환경영향평가 결과'는 승인이 아닌 '협의'에 불과하며, 환경부 장관의 고시를 무효로 만드는 효력을 가지고 있지 않다. 따라서 환경단체는 오색 케이블카 백지화를 위해서는 환경부의 해당 고시가 무효화되지 않는 이상 소송을 계속 진행해 나가야 한다.

원주지방환경청의 부동의 결정 이후 강원도와 양양군은 환경부를 상대로 환경영향평가에 대한 행정 소송을 진행할 예정이라고 한다. 이러한 각종 소송이 진행되는 수년간 설악산 케이블카 사업은 계속해서 분쟁과 논란의 대상이 되지 않을까 싶다. (한편, 2022년 7월경 위 행정소송의 항소심에서도 환경단체들이 패소했다. 이에 케이블카 사업이 재개될 가능성이 생겼고, 2022년 12월 강원도와 양양군은 빠른 사업 추진을 위해 지방비로 먼저 사업을 추진하겠다는 계획을 밝혔다.)

사실 환경부는 오래전인 2004년부터 '자연공원 내 삭도 시설° 검토 및 운영지침'을 제정하고, 국립공원 내 케이블카 설치를 검토해 왔다. 하지만 케이블카 사업은 국립공원 보전 필요성에 반한다는 이유로 그동안 추진되지 못한 경우가 대부분이었다. 강원도와 양양군 또한 2012년경부터 설악산 케이블카 설치를 추진해 왔지만, 그 변경 계획은 환경부에서 여러 차례 부결되었다. 하지만 2014년 박근혜 대통령이 주재하는 제6차 무역투자 진흥회의에서 '국립공원 내 케이블카 사업에 대한 적극 지원 방안'이 논의된 후에 급물살을 타고 2015년 승인을 받았다.

─ ● ● ● ─

설악산은 야생동물들에게 삶의 터전일 뿐만 아니라, 인간에

● 공중에 로프를 가설하고 여기에 운반 기구(차량)를 걸어 동력 또는 운반 기구 자체의 무게를 이용해 운전하는 것

게도 소중한 자연자원이자 그 자체가 문화재이다. 자연 자원은 한번 파괴되면 되돌리는 데 엄청난 시간과 노력이 필요하고, 자칫 회복이 불가능한 단계에 이르기도 한다. 케이블카 사업이 처음 논의된 이후 10여 년간 부결되고 추진되지 못한 것도, 지금까지 수많은 환경단체와 동물보호단체가 지속적으로 반대하는 것도 이 사실을 잘 알고 있기 때문이다.

2014년 내려진 선택으로 설악산 케이블카 설치 논란은 2023년 현재까지 이어지고 있다. 자연환경과 야생동물들의 소중한 서식지, 문화재를 보존하고 지키려는 수많은 이들의 지난 노력이 결국, 개발과 이윤의 논리에 밀리게 되었다는 사실에 씁쓸하다. 여전히 진행 중인 '설악산 케이블카 설치' 논란. 부디 이 논란의 끝에 우리의 아름다운 자연환경을 지킬 수 있는 올바른 선택을 할 수 있기를 바란다.

아파트 개발에
스러져 가는
멸종위기 동물

2020년 7월 20일, 이기인 성남시의회 의원(미래통합당)은 성남시 분당구 서현동 110번지 일대 맹꽁이 서식지에 세척제를 살포해 고의로 맹꽁이를 죽게 했다는 이유로 성명 불상의 세척제 살포자를 경찰에 고발했다. 세척제 살포자가 멸종위기 야생동물 2급에 해당하는 '맹꽁이'를 고의로 죽게 해 야생동물 보호 및 관리에 관한 법률을 위반했다는 이유에서였다.

세척제 통이 발견된 서현동 110번지 일대(24만 7,631m²)는 맹꽁이 서식 여부를 두고 논란이 발생한 지역이다. 개발 진행 주체인 LH한국토지주택공사는 2019년 5월 서현동 110번지 일대를 공공주택지구로 확정했다. 이후 개발 계획 단계에서 진행한

'전략 환경영향평가'에서 사업지구 내 맹꽁이가 서식하지 않는다는 결과를 냈다. 하지만 현지 주민들이 사진, 영상 등을 제시하며 맹꽁이의 서식을 주장하자 LH는 재조사를 결정해 진행 중이었다.

그런데 재조사가 진행되는 과정에서 맹꽁이 울음소리가 현저히 줄고, 물웅덩이에 있던 맹꽁이 알이 사라지는 상황이 발생했다. 주변을 살피던 중, 풀숲 등지에서 자동차 휠을 세척할 때 쓰는 'PB-1'과 강력 세정제인 '크리나' 등 맹독성 세제 7통이 발견되었다. 개발을 둘러싼 지주, 지역주민, 환경단체 등의 갈등이 있던 해당 사업지구이기에 누군가 맹꽁이가 개발에 걸림돌이 된다고 생각해 고의로 세척제를 살포한 것 아니냐는 합리적인 의심이 제기됐다.

이처럼 인간을 위한 무분별한 개발이 가져오는 생태계 파괴, 생물들의 멸종 등을 묵과할 수 없기에 이를 막기 위한 법률들이 존재하는 것이다. 관련 법률에는 야생생물을 보호하기 위한 야생생물 보호 및 관리에 관한 법률, 개발 이후 야생생물 서식환경의 변화를 미리 예측해 개발을 진행하도록 하는 환경영향평가에 관한 법률 등이 있다.

야생동물과 인간이 공존하는 건전한 자연 환경을 위하여, '야생생물 보호 및 관리에 관한 법률'

야생생물 보호 및 관리에 관한 법률 제1조 (목적)
야생생물과 그 서식환경을 체계적으로 보호·관리함으로써 야생생물의 멸종을 예방하고, 생물의 다양성을 증진시켜 생태계의 균형을 유지함과 아울러 사람과 야생생물이 공존하는 건전한 자연환경을 확보함을 목적으로 한다.

앞의 사안에 등장한 맹꽁이는 야생생물 보호 및 관리에 관한 법률에 따라 멸종위기 야생생물 1급으로 지정되어 있다. '멸종위기 야생생물 2급'은 자연적 또는 인위적 위협 요인으로 개체수가 크게 줄어들고 있어 현재의 위협요인을 제거, 완화하지 않으면 가까운 장래에 멸종위기에 처할 우려가 있는 상태를 의미한다.

환경부 장관은 이 법률에 따라 5년마다 맹꽁이와 같은 멸종위기 야생생물 등에 대한 보호 기본 계획을 수립해야 하고(제5조), 서식 실태를 정밀하게 조사해야 하며(제6조), '멸종위기 야생생물에 대한 중장기 보전대책'을 수립하고 시행해야 한다(제13조).

그뿐 아니라 멸종위기 야생생물 보호 및 번식을 위해 이해관계인 등의 의견을 듣고 중앙행정기관의 장과 협의해 야생생물 특별보호구역을 지정할 수 있는데(제27조), 특별보호구역으로 지정된 곳은 건축물의 신·증축을 비롯해 야생생물 보호에 유해하다고 인정되는 훼손 행위가 전적으로 금지된다(제28조). 또 지방자치단체 단위에서 야생생물 보호구역을 지정할 수 있고(제33조), 해당 보호구역에서 개발행위를 하기 위해서는 해당 지자체장과 미리 협의해야 한다(제34조).

이 법에선 누구든 정당한 사유 없이 야생생물을 학대해서는 안 되며, 독극물을 사용해 야생생물을 죽이는 행위는 대표적인 학대 행위로 금지되어 있다. 그리고 금지된 학대 행위를 한 자는 1년 이하의 징역 또는 1,000만 원 이하의 벌금에 처할 수 있다.

지속가능한 발전과 환경 보전을 위한 '환경정책기본법'과 '환경영향평가법'

'환경정책기본법'은 환경 오염과 환경 훼손을 예방하고 환경의 지속 가능한 관리·보전을 목적으로 제정되었다. 이 법은 국가가 환경에 영향을 미치는 계획 및 개발 사업을 할 때 환경에 미치는 악영향을 최소화하고, 지속가능한 환경 보전을 고려하도록 '환경영향평가' 실시를 의무화하고 있다.

'환경영향평가법'은 전략 환경영향평가, 환경영향평가, 소규모 환경영향평가 등 환경영향평가의 종류, 구체적인 절차, 내용 등을 담고 있는 법이다.

환경영향평가의 종류

1. 전략 환경영향평가

- 사업 실시 이전의 계획 단계에서 사전적으로 사업이 미칠 환경영향의 타당성을 평가하는 것
- 일반 환경영향평가에 비해 2개의 평가 항목이 적지만 사업 시행 이전에 사업 타당성까지 점검해야 함

2. 환경영향평가

- 대상 사업의 계획 확정 후 실시 단계에서 사업이 환경에 미치는 영향을 미리 조사, 예측, 평가하여 환경 피해를 피하거나 줄일 수 있는 방안을 마련하는 것
- 4계절의 변화에 따른 특성을 담아야 하고, 소음·진동·전파장해·지역민 이주 계획 등 26개 항목을 만족시켜야 하며, 공청회 등 주민 의견 수렴 절차가 필수적임

3. 소규모 환경영향평가

- 환경영향평가가 필요한 곳이 애초에 환경 보전이 필요하거나 난개발이 우려되는 등 계획적 개발이 필요한 곳일 때, 해당 지역의 특성을 반영해 실시 단계에서 환경 영향의 타당성을 평가하는 것
- 일반 환경영향평가에 비해 평가 항목이 절반 수준인 13개이며, 일반

환경영향평가와 달리 주민 의견 수렴 등 여러 절차를 생략할 수 있음

생태계의 보전 가치가 큰 지역이나 자연 생태계의 변화가 현저할 우려가 있는 지역은 대상 지역 주민이 아닌 전문가 의견도 청취하도록 되어 있고, 환경부 장관이 해당 계획의 재검토를 요청할 수도 있다.

· · · ·

독극물을 살포해 멸종위기 야생동물인 맹꽁이를 죽인 사실이 드러난다면 해당 행위를 한 자는 야생생물 보호 및 관리에 관한 법률에 따라 1년 이하의 징역 또는 1,000만 원 이하의 벌금에 처할 수 있다. 또 사안에서 문제가 된 서현동 일대가 맹꽁이 서식지로 확인돼 그 필요성이 인정된다면 해당 지역을 야생생물 특별 보호구역으로 지정해 개발 행위가 중단될 수도 있다. 이를 위해선 사건에 대한 철저한 조사는 물론 현재 진행 중인 환경영향평가에서 주민 의견과 외부 전문가 의견을 충분히 수렴해 지속 가능한 개발과 환경 보전을 위한 협의점을 찾는 데 많은 노력을 기울여야 할 것이다.

지금도 우리 주변에는 끊임없이 인위적인 개발이 진행되고 있고, 이 과정에서 맹꽁이와 같은 멸종위기 야생생물들이 서식

지를 잃을 위험에 처해 있다. 이상의 법률들은 인간이 맹꽁이에게 한 최소한의 약속이자 현재 세대가 미래 세대에게 해 줄 수 있는 최소한의 배려이다. 모쪼록 그 최소한이라도 제대로 지킴으로써 맹꽁이와 인간이 공존할 수 있는 환경이 지속가능하기를 바란다.

야생동물 불법 거래와 전염병의 연관성

　2019년부터 2022년까지 꼬박 3년 가까운 시간이 '코로나19'라는 단어로 점철되었다. 2000년대 들어서 전염병 발생은 벌써 네 번째이다. 이러한 전염병은 모두 '동물'에 있던 바이러스가 인간에게 옮겨진 것이다. 신종 플루는 돼지에서 생긴 신종 인플루엔자 바이러스가, 사스(중증급성호흡기증후군)는 박쥐에서 사향고양이를 거쳐 변이된 바이러스가, 메르스(중동호흡기증후군)는 박쥐에서 낙타를 거쳐 변이된 바이러스가 원인이 되어 발생했다. 그리고 코로나19 또한 박쥐의 코로나 바이러스가 야생동물을 중간 매개로 하여 발생한 것으로 추정하고 있다. 세계보건기구(WHO)에 따르면 최근 들어 30년간 발생한 신종 전염병의 70%가 야생동물로부터 유래했다고 한다.

중국 정부는 코로나19 발생 후 "농산물 시장과 마트, 식당 등 어느 곳에서도 야생동물 거래는 위법"이라며 코로나19가 해결될 때까지 중국 내 야생동물 거래를 전면 금지했다. 그러나 전면 금지 발표에도 중국에서는 여전히 온·오프라인으로 야생동물 암거래가 성행하고 있다.

국내는 어떨까? 국내에서는 '야생생물® 보호 및 관리에 관한 법률'(야생생물법)에서 정한 일정한 경우를 제외하고는 야생생물의 '포획 및 채취'와 불법 포획한 야생동물의 '취득'을 금지하고 있다. 이를 위반해 야생생물을 '포획 및 채취'한 경우에는 2년 이하의 징역 또는 2,000만 원 이하의 벌금에 처하고, 불법 포획·채취한 야생동물을 '취득'한 경우에는 1년 이하의 징역 또는 1,000만 원 이하의 벌금에 처하고 있다.

야생생물법 제9조 (불법 포획한 야생동물의 취득 등 금지)

① 누구든지 이 법을 위반하여 포획·수입 또는 반입한 야생동물, 이를 사용하여 만든 음식물 또는 가공품을 그 사실을 알면서 취득·양도·양수·운반·보관하거나 그러한 행위를 알선하지 못한다(환경부령으로 정하는 야생동물을 사용하여 만든 음식물 또는 추출가공식품을 먹는 행

● 동물, 식물, 균류를 포괄하는 것으로, 야생동물을 포괄하는 개념

위를 포함한다).

② 환경부장관이나 지방자치단체의 장은 이 법을 위반하여 포획·수입 또는 반입한 야생동물, 이를 사용하여 만든 음식물 또는 가공품을 압류하는 등 필요한 조치를 취할 수 있다.

야생생물법 제19조 (야생생물의 포획·채취 금지 등)

누구든지 멸종위기 야생생물에 해당하지 아니하는 야생생물 중 환경부령으로 정하는 종을 포획·채취하거나 죽여서는 아니 된다. 다만 각 호의 어느 하나에 해당하는 경우로서 특별자치시장·특별자치도지사·시장·군수·구청장의 허가를 받은 경우에는 그러하지 아니한다.

1. 학술 연구 또는 야생생물의 보호·증식 및 복원의 목적으로 사용되는 경우
2. 제35조에 따라 등록된 생물자원 보전시설이나 「생물자원관의 설립 및 운영에 관한 법률」 제2조 제2호에 따른 생물자원관에서 관람용·전시용으로 사용하려는 경우
3. 「공익사업을 위한 토지 등의 취득 및 보상에 관한 법률」 제4조에 따른 공익사업의 시행 또는 다른 법령에 따른 인·허가 등을 받은 사업의 시행을 위하여 야생생물을 이동시키거나 이식하여 보호하는 것이 불가피한 경우
4. 사람이나 동물의 질병 진단·치료 또는 예방을 위해 관계 중앙행정기관의 장이 시장·군수·구청장에게 요청하는 경우

5. 환경부령으로 정하는 야생생물을 환경부령으로 정하는 기준 및 방

법 등에 따라 상업적 목적으로 인공 증식하거나 재배하는 경우

그러나 이러한 법률 규정에도 불구하고 국내 야생동물 불법
거래는 여전히 일어나고 있다. 환경부 산하 영산강유역환경청
은 2019년 3월 불법 포획되었거나 밀거래를 위해 보관 중인 고
라니와 너구리, 살모사, 유혈목이(뱀) 등 83종의 야생동물을 발
견했다. 야생생물 불법 포획 및 거래는 법에 의해 처벌되어야 하
나 감시 인력이 부족하고, 적발되더라도 그 처벌이 미약한 경우
가 많다.

불법 포획·거래를 통해 야생동물을 접촉하는 것도 문제지만,
규제조차 없는 상황에서 야생동물과 접촉하는 것도 큰 문제이
다. 현재 우리나라는 '멸종위기에 처한 야생동식물종의 국제 거
래에 관한 협약(CITES)'에 등록되지 않은 일반 야생동물에 대한
규제나 제재 자체가 없는 상황이다. 그렇다 보니 CITES에 등록
되지 않은 각종 파충류, 조류 등 동물들이 인터넷을 통해 거래되
고, 택배를 통해 배송되는 일이 일어나고 있다. 동물행복연구소
'공존'의 조사에 따르면 야생동물 거래는 90% 이상이 인터넷 사
이트나 카페 등을 이용해 이루어졌으며, 거래 방법은 택배 거래
가 35%, 직접 거래가 34%인 것으로 나타났다. 또한 규제가 없
다 보니 집에서 기르기 부적합한 동물들이 폐사하거나, 유기되

는 경우도 발생하고 있다. 집에서 탈출한 북극여우가 서울 한복판에서 발견된 사건이 가장 대표적인 예일 것이다.

게다가 체험 동물원이 빠르게 늘어나면서 야생동물과의 접촉도 더 빈번해지고 있다. 환경부 조사에 따르면 현재 등록된 동물원 110개 중 공영 동물원 18개를 제외한 거의 모든 시설은 체험형 동물원, 실내 동물원 등을 운영하며 동물을 만지고 먹이를 주는 형태로 운영되고 있다. 또한 법적으로 동물원 기준에 미달해 등록 의무가 없는 야생동물 카페도 2017년 35개에서 2019년 64개로, 2년 사이 두 배 가까이 증가했다. 특히 열악하고 비위생적인 환경을 갖춘 야생동물 카페에서 지내는 동물들은 스트레스를 받아 면역력이 약해지고 병원체에 감염될 확률이 높지만, 카페들은 이에 대해 어떤 진단이나 치료도 제대로 행하지 않고 있는 상황이다.

세계자연기금(WWF)은 코로나19 사태가 아시아·태평양 지역 내 비규제·불법 야생동물 거래를 완전히 근절할 수 있는 계기가 되어야 할 것이라는 입장문을 발표하기도 했다. 여기에 덧붙여 "만약 이번 기회에 식용 혹은 의료용, 애완용으로 사용될 야생동물의 밀렵과 불법 거래에 마침표를 찍지 못하면 이 같은 전염병은 앞으로도 끊임없는 위협으로 남게 될 것"이라고 경고했다.

＊＊＊

정유정 작가가 2013년에 발표한 소설 《28》에는 화양이라는 가상도시가 등장한다. 이 소설은 화양에서 의문의 인수공통 전염병이 발생하면서 도시가 봉쇄되고, 그 안에서 인간과 동물(개)이 생존을 위해 몸부림치는 28일의 시간을 묘사하고 있다. 소설 속에서 도시를 폐쇄하고 혼란과 공포에 빠진 사람들의 모습이 이제는 낯설지만은 않다. 이러한 공포를 겪지 않으려면 비규제·불법 야생동물 거래를 효과적으로 근절시킬 방안을 하루빨리 마련해야 하지 않을까.

코로나19가
일깨워 준
동물권의 가치

흔히 한국은 코로나 방역 선진국의 하나로 꼽힌다. 그러나 코로나 예방 측면에서도 선진국으로 분류될 수 있을까? 재난을 예방하고 더 나은 미래를 열기 위해서는 차분하고 엄밀한 원인 분석이 반드시 필요하다. 하지만 코로나 팬데믹의 원인, 발생 가능한 다음 팬데믹의 예방에 관해서라면 나라 안의 논의는 빈약하기만 하다. 팬데믹은 전 지구적 차원의 사건이므로 한국 같은 소국이 예방을 위해 할 수 있는 일이란 사실상 없는 것일까? 팬데믹의 경우라면 일국 차원의 원인 분석론, 예방 담론은 무의미한 것일까?

세계자연기금(WWF)은 코로나19를 비롯한 인수공통감염병

확산 원인으로 숲과 같은 생태계 교란 활동, 야생동물 밀매, 야생동물과 농장동물이 뒤섞여 판매되는 현장의 비위생성을 꼽았다. 인간이 동물을 먹고 그들을 노예로 부린 역사의 시간은 무려 1만 년에 육박하지만, 특정 야생동물의 서식지를 대거 훼손하거나 변형해 바이러스 숙주 동물(박쥐류, 사향쥐류, 모기류 등)을 괴롭히고 그 수를 급증시킨 사건은 우리 시대 이야기다. 감염병 연구학자들은 특히 1980년대 이후 생물종 간 감염병 확산이 급증했다고 본다.

전쟁과 피란에 관한 이야기는 우리에게 전혀 낯설지 않다. 그러나 이 애환의 서사가 결코 인간만의 것은 아니다. 자신들의 삶터인 숲을 송두리째 잃어버린 바이러스 숙주 동물들은 극심한 스트레스 속에서 인간의 마을 인근까지 이동해야만 했다. 이것은 인간을 향한 '습격'이라기보다는 차라리 '피란 행렬'이었다. 때로 이들은 자신의 영토에 들어온 (동물사육) 농장에 배설물을 쏟아내기도 했다. 이 역시 늘 하던 행동의 반복이었을 뿐, 의도성을 지닌 '폭탄 투하'는 아니었다. 이들의 배설물에 오염된 야생동물이 밀렵꾼의 총탄에 쓰러진 뒤 도시로 실려 간 사례도 있었다. 다른 사례로 '댐'과 관련된 것도 있었다. 댐이 세워지면서 한곳에 물이 불어나자 바이러스 숙주인 모기가 급증했다. 말레이시아의 니파Nipha 바이러스, 서아프리카의 에볼라Ebola 바이러스,

중남미 대륙을 뒤흔들었던 지카Zika 바이러스, 2002년 사스SARS, 2012년 메르스MERS, 2019년 코로나 바이러스 모두, 이런 식으로 야생에서 도시로, 숙주 동물의 몸에서 인체로 옮겨 갔다.

　이러한 '사건 보고서' 앞에서 우리는 이제까지와는 다른 방식의 경제와 자연관을 생각해 보게 된다. 숲과 같은 야생 생태계의 파괴·교란 활동은 목재, 팜유, 소고기, 콩, 코코아, 야생동물의 살과 털 등 자본주의 경제에 필요한 원료를 공급하기 위한 활동 때문이고, 자본주의 경제는 동물을 비롯한 자연을 원료나 자원으로 환원해 인식하는 극히 '편파적인 자연관'에 입각해 있기 때문이다. 더구나, 숲에서 대기로 방출된 탄소는 기후 변화를 유발해 왔고, 변화된 기후는 다시 바이러스 숙주 동물들의 서식지를 교란해 왔다.

　동물의 권리, 즉 동물권에 관한 논의는 바로 이 편파적인 자연관의 폐기와 관련이 크다. 물론 동물권 논의가 코로나 팬데믹으로 촉발된 것도 아니고, 야생동물에 한정된 논의도 아니다. 그러나 세계를 아직도 뒤흔들고 있는 코로나 팬데믹은 우리의 시선을 낚아채 동물로 향하게 했다. 공장식 축산 시설에 갇혀 '사회적 거리두기'를 하지 못하는 동물들, 사람 몸에 좋다는 이유로 시장에서 밀거래되는 야생동물들, 집을 잃고 이주했거나 멸종된 동물들, 그리고 설치류나 모기 등 급증한 야생동물들까지. 세계자연기금 보고서도 지적하고 있지만, 이들이 모두 인수공통

감염병의 온상이거나 원인이기 때문이다. 이제는 이들이 불쌍해서가 아니라 우리 자신과 후손들이 건강하게 살아남기 위해 이들의 권리를 생각해야 하는 상황까지 우리는 내몰린 셈이다. 이 상황을 '벼랑 끝'이라 부른들, 누구도 그것을 시적 표현으로 받아들이지 않을 것이다.

동물의 권리가 무엇인지는 이미 1977년 유네스코(UNESCO)에서 정리한 바 있다. 이해에 발간된 「세계 동물권 선언The Universal Declaration of Animal Rights」은 야생동물이 자신의 자연환경에서 누릴 삶의 권리, 자유의 권리, 재생산(번식)의 권리를 천명했다. 한마디로 그들도 우리처럼 자유롭게, 자신들의 집에서, 아이들을 낳고 살아갈 권리가 있다는 것이다. 그러나 결을 달리해 표현하면, 이 말은 곧 야생동물을 함부로 원료, 재산, 상품 취급할 수 없다는 말이기도 하다.

이 선언에 담긴 생각의 알맹이는 스위스가 1992년 개헌을 통해 헌법에 반영했다. 그러나 스위스 헌법에는 '야생동물'이라는 단어 대신 '동물'이라는 단어가 사용되었다. 브라질(1988), 독일(2002), 오스트리아(2013)가 동물을 (잔혹한 상태로부터) 보호할 국가의 의무를 헌법에 명기했다. 하지만, 1992년의 스위스 헌법에는 미치지 못했다. 스위스에서는 동물을 보호할 인간의 의무를 무작정 표기한 것이 아니라, 그렇게 해야 할 의무의 이유cause를 '동물의 존엄성'이라는 표현으로 명기했기 때문이다. "동물의 존엄성은 동물을 대할 때 우리가 지켜야 할 본질적인 가치다.” 스위스 헌법과 동물법에는 동물을 원료나 재산으로만 보는 태도에 대한 윤리적 반감이, 반대로 말해 ‘존엄성’의 범위를 인간 너머로 확대해야 한다고 믿는 인간의 고결한 심성과 정신이 아로새겨져 있다.

이러한 심성과 정신은 동물만이 아닌 어머니 지구, 자연의 권리를 세계 최초로 명기한 에콰도르 헌법(2008), 삶의 권리 주체를 ‘person’으로 명기하고 person의 범위를 인간 외의 존재에게까지 확대 적용한 인도의 헌법(2002)에서도 발견된다. 비록 일부이기는 하나 세계 각국의 헌법은 이렇게 진보하고 있다.

새 천년이 시작된 이후 미국과 아르헨티나, 인도, 뉴질랜드 등 여러 국가에서 동물권과 관련한 법정 판결이 있었다. 주로 돌고래, 고래, 오랑우탄, 침팬지의 사례였는데, 불행히도 말편자박쥐(사스 바이러스의 숙주로 추정)나 천산갑(코로나 바이러스의 중간 숙주로 추정)의 사례는 없었다.

2014년 아르헨티나 동물권 변호사협회는 수마트라 오랑우탄 ‘산드라’의 법적 권리를 인정해 달라며 소송을 제기한다. 이에 법원은 산드라가 “몇 가지 기본권을 가진 인간 외 격체non-human person”라는 판결문으로 응답했다. 2년 뒤 같은 단체는 침팬지 ‘세실리아’에 대한 소송도 제기했는데, 법원은 다시 한 번 이들의 손을 들어준다. 흥미로운 것은 이 판결에서 판사가 낭독

했던 판결문의 내용이다. 판결을 담당했던 마리아 마우리치오 Maria A. Mauricio 판사의 입에서는 이런 문장이 흘러나왔다.

"이 사안은 인간과 똑같은 권리를 그들에게 부여하는 사안이 아닙니다. 그들이 감정과 의식의 존재이며, 법적 주체legal personhood임을 완전히 이해하고 수용하는 사안이죠."

위 판결문은 실로 의미심장하다. 우리 모두에게 동물권의 사안이 '이해와 수용의 사안'임을 강조하고 있기 때문이다. 우리의 생존과 번영을 위해서 바이러스나 백신, 면역, 비말 같은 것에 관한 이해만이 긴요한 것은 아니다. 그보다 더 다급히 이해해야 하는 것이 있다. 우리도 동물계의 일원이라는 사실, 감정과 의식의 존재라는 점에서 과일박쥐나 인간 사이에는 별반 차이가 존재하지 않는다는 사실이다. 나아가 박쥐 같은 바이러스 숙주 동물을 비롯한 동물의 권리도 인정하고 지금껏 동물과 맺어 온 관계를 새롭게 정립하는 것이 우리의 생존과 번영을 위한 길이라는 점 역시 겸허히 인정하고 수용해야 한다. 불행인지 다행인지 알 길이 없지만 2020년은 분명 새 시대의 원년이며, 새로운 시대에는 새로운 법이 필요하다.

'유해한 존재'로 낙인찍힌 동물이 겪는 고통

각 지자체들은 해마다 야생동물로 인한 농작물 피해를 막기 위한 '유해야생동물 피해 방지단' 등을 운영하여 멧돼지 등을 포획한다. 그럼에도 농작물 피해가 줄지 않으니 더욱 강력한 '퇴치 방법'을 강구해 달라는 요구를 반복하고, 들개가 계속해서 가축을 습격하고 있으니 들개도 유해야생동물로 지정해야 한다는 주장도 한다. 유해야생동물의 지정 및 포획의 근거가 되는 법은 어떠한 내용을 담고 있는지 알아보자.

'유해야생동물'이란?

유해야생동물의 지정 및 포획에 대한 근거 법률은 「야생생물 보호 및 관리에 관한 법률」이다. 그런데 법의 명칭과 제1조(목적)에서도 알 수 있듯 원래 이 법은 야생생물을 체계적으로 보호·관리함으로써 야생생물의 멸종을 예방하고, 생물의 다양성을 증진시켜 생태계의 균형을 유지함과 아울러 사람과 야생생물이 공존하는 건전한 자연환경을 확보함을 목적으로 한다. 법에서 규정하고 있는 야생생물 보호 및 이용의 기본 원칙은 다음과 같다.

제3조 (야생생물 보호 및 이용의 기본 원칙)

① 야생생물은 현세대와 미래 세대의 공동 자산임을 인식하고 현세대는 야생생물과 그 서식환경을 적극 보호하여 그 혜택이 미래 세대에게 돌아갈 수 있도록 하여야 한다.

② 야생생물과 그 서식지를 효과적으로 보호하여 야생생물이 멸종되지 아니하고 생태계의 균형이 유지되도록 하여야 한다.

③ 국가, 지방자치단체 및 국민이 야생생물을 이용할 때에는 야생생물이 멸종되거나 생물 다양성이 감소되지 아니하도록 하는 등 지속 가능한 이용이 되도록 하여야 한다.

그런데 야생생물 중에서도 사람의 생명이나 재산에 피해를 주는 야생동물은 별도로 '유해야생동물'로 지정되고 앞에서 규정한 '서식지 보호'나 '멸종 방지'의 '혜택'을 받지 못하게 된다. 현재 환경부령을 통하여 유해야생동물로 지정된 종은 다음과 같다.

- 장기간에 걸쳐 무리를 지어 농작물, 과수에 피해를 주는 '참새, 까치, 어치, 직박구리, 까마귀' 등
- 일부 지역에 서식 밀도가 높아 농림 수산업에 피해를 주는 '꿩, 멧비둘기, 고라니, 멧돼지, 청설모, 두더지, 쥐류 및 오리류' 등
- 비행장 주변에 출현해 항공기 또는 특수 건조물에 피해를 주거나 군 작전에 지장을 주는 '조수류'
- 인가 주변에 출현해 인명, 가축에 위해를 주거나 위해 발생 우려가 있는 '멧돼지 및 맹수류'
- 분묘를 훼손하는 '멧돼지'
- 전주 등 전력 시설에 피해를 주는 '까치'
- 일부 지역에 서식 밀도가 너무 높아 분변 및 털 날림 등으로 문화재 훼손이나 건물 부식 등의 재산상 피해를 주거나 생활에 피해를 주는 '집비둘기'

유해야생동물의 지정은 해당 동물의 습성, 서식환경의 문제

점, 서식 밀도의 증가 원인보다는 '인간에게 어떠한 수준의 피해를 주는지'에 초점이 맞추어져 있다. 그러다 보니 세계적으로 멸종위기에 처해 있는 고라니, 농작물 피해와 정확한 인과관계가 밝혀지지 않은 제주 노루, 반려동물 유기 증가가 원인이 된 들개 등이 포획 대상이 된 것에 대해 국내 단체들의 반발과 비판이 끊이지 않고 있다.

유해동물이니까
아무렇게나 죽여도 될까?

유해야생동물로 지정된 종을 포획하기 위해서는 환경부에 허가 신청을 해야 한다. 허가 신청을 받은 행정 기관은 피해 상황을 조사하고 1) 포획의 시기·도구·지역·수량의 적정성 2) 포획 이외의 다른 피해 억제 방법이 없거나 실행하기 곤란한지 여부 3) 적정 포획 도구를 이용하되 생명의 존엄성을 해하지 아니할 것 4) 포획 후 확인 표지 부착 의무 부과 등을 조건으로 이를 허가할 수 있다. 포획에 사용할 수 있는 도구에는 엽총, 공기총, 마취총, 석궁, 그물, 포획틀, 포획장 등이 있으며, 지난해부터 동물에 극심한 고통을 주는 올무가 포획 도구에서 제외되었다.

이렇게 포획된 동물들은 환경부의 「유해야생동물 포획업무

처리 지침」의 '포획 후의 처리 방법'에 따라 식용으로 소비하는 것까지 가능했다. 그러나 2020년 11월 27일부터 시행된 개정 야생생물법 및 그 시행규칙에 따르면, 포획한 유해야생동물은 매몰, 소각, 고온·고압으로 멸균 처리 등의 방법으로 처리하여야 한다. 사체를 고온·고압 처리하여 부산물을 공업용 기름이나 퇴비로 재활용하는 방법도 개발되었다고 한다.

시행규칙에서는 이와 같은 '처리'를 하기 전에 동물은 죽은 상태여야 한다고 정하고 있지만, 죽이는 방법에 대해서는 별도의 규정이 없다. 야생생물법의 다른 대부분 조항에서는 '포획'을 '죽이는 것'과 별개의 용어로 사용하고 있지만, 현장에서 유해 야생동물의 '포획'은 해당 동물을 포획 과정에서 죽이는 것 또는 포획 후에 죽이는 것을 전제로 하고 있는 듯하다. 이에 실제로는 동물이 죽을 때까지 여러 차례 총을 쏘는 등의 방법을 사용한다고 한다.

법에서는 포획 허가의 조건으로 '포획 외에는 다른 피해 억제 방법이 없거나 이를 실행하기 곤란할 것'을 두고 있지만, 막상 대안을 찾기 위한 정부나 지자체 차원에서의 노력과 검토가 충분히 이루어지고 있는 것 같지는 않다. 과거에 해 오던 것과 같이 일반 또는 전문 수렵인에게 소액의 포상금을 지급하고 동물을 죽여 개체수를 줄이는 것은 대안이 없어서라기보다는 당장의 효과를 볼 수 있는, 행정적으로 가장 편하고 경제적인 방법이기 때문이 아닐까 싶다.

죽어 마땅한 야생동물이 과연 있을까?

　제주도는 유해야생동물을 도지사가 별도로 정할 수 있어 「제주특별자치도 야생생물 보호 및 관리조례」에서 2019년까지 노루를 유해야생동물로 지정 및 포획한 바 있고, 올해 8월부터는 늘어난 들개를 포획하고 있다는 소식이 들려온다. 기사에 따르면 '제주의 들개들은 새끼노루를 공격하거나 농가의 가축을 습격해 피해를 주고 있다'고 하는데, 얼마 전까지만 해도 유해야생동물이었던 노루를 이제 보호 대상으로 보고 있다는 점이 아이러니하게 느껴진다.

　사실 각종 환경단체, 제주 수의사단체 등은 당시 제주 노루의 유해야생동물 지정을 강하게 반대했다. 제주 노루는 한때 멸종위기에 있었으며 농작물 피해의 주원인이라는 것이 분명하지 않았다. 또 적정 개체수 산정이 잘못되었으며, 포획이 아닌 시설 개선에 투자하는 대안도 있었다. 이외에도 포획한 노루는 모두 식용으로 쓰여, 포획은 개체수 조절 연구에조차 아무런 도움도 되지 못했다는 등의 이유도 있었다. 실제로 제주 노루는 개체수가 급격히 줄어 지난해 포획을 중단한 후에도 개체수 회복 속도가 매우 더디고 아직 적정 개체수에 미치지 못하고 있다고 한다.

들개는 현재 시행규칙에서 유해야생동물로 지정되어 있지는 않지만, '버려지거나 달아나 야생화된 가축이나 애완동물'에 대해선 포획 등 조치가 가능하다는 야생생물법 제24조에 따라 포획이 가능하다. 동물을 유기한 사람은 (이제 겨우) 300만 원 이하의 벌금형에 처해지게 되는데, 버려져 야생화된 동물은 누구에게 유기당한 것인지 밝히려는 노력도 해 보지 않은 채 죽임을 당해야 한다니, 인간과 동물 간 책임의 균형이 새삼 가혹하게 느껴진다.

도심에서는 어떨까. 얼마 전 한 시민이 방조망에 걸려 죽어가는 비둘기를 보고 신고했으나, 한국교통공사 등은 '비둘기는 유해야생동물이므로 구조할 수 없다'는 답변을 주었다고 한다. 유해야생동물의 포획을 허용하는 법은 있어도, 유해야생동물을 구조하는 행위를 금지하거나 처벌하는 법은 없다. 담당자가 그것을 몰라 저런 답변을 하지는 않았을 것이다. 다만 유해야생동물은 결국 우리가 없애야 하는 동물, 죽어야 마땅한 동물이며, 어차피 죽을 것이라면 그 방법의 차이에 무슨 의미가 있느냐는 인식이 자리 잡고 있는 것이 아닌가 싶다. 동물권행동 카라에 따르면, 서울교통공사는 방조망을 걷어 내 걸려 있는 비둘기들을 밖으로 빼내고 다시 방조망을 설치할 것이라고 한다. 다시 방조망을 설치한다면 똑같은 상황이 반복될 것임이 자명한데도 말이다.

야생동물이 우리 거주지로 내려오는 이유는 '먹이를 찾기 위해서'이고, 자신의 서식지에서 벗어나 먹이를 찾는 것은 서식지나 생태계에 문제가 생겼기 때문일 것이다. 생태계에 들개가 늘어난 것 역시 '유기'라는 인간의 행동이 원인이 된 결과다. 그런데 우리는 이를 '인간에 대한 위협'이라는 시선으로만 바라본다. 같은 법에서 분명 '보호·관리'의 대상인 야생동물이 '유해'야생동물로 지정되는 순간 모든 죽임이 정당화되는 것일까. 인간에 의해 야생에 적응할 수밖에 없는 동물들이 유해하다고 판단되면 마땅히 죽어야 하는 것일까. 야생동물이 인간의 서식지에 피해를 끼친다고 인식하기 전에 우리가 그들의 서식지를 파괴하고 빼앗은 것은 아닌지, 그들이 저렇게밖에 살 수 없는 이유는 무엇인지 생각하는 일이 먼저일 것이다.

— * * * —

굳이 '동물의 생명'이라는 가치를 내세우지 않더라도, 인간은 동물이 멸종한 환경에서 살아갈 수 없고 동물을 끊임없이 이용해서 살아가는 존재이기에 인간 스스로를 위해서라도 동물과 공존해야 한다. 따라서 '인간에게 주는 피해를 어떻게 하면 최대한 경제적으로 없앨까'의 관점에서 단기적인 정책을 펼칠 것이 아니라, 장기적으로 인간이 야생생물과 공존할 수 있는 대안을 끊임없이 모색해야 한다. '농가의 피해' 대 '야생동물의 생명'으로 의미 없는 논쟁을 벌일 것이 아니라, '생명을 빼앗는 방법' 대 '그 외의 대안'으로 얼마든지 연구와 논쟁을 이끌어 가는 날이 하루 빨리 오길 바란다.

인천 토끼 사육장
'토끼섬'의 비극

인천 송도국제도시 한 공원에 마련된 인공섬에서 토끼 수십 마리가 제대로 된 관리 없이 방치되고 있다는 보도가 있었다. 인천시 산하의 인천경제자유구역청은 지난 2012년 인공섬에 친환경 목적의 토끼 사육장을 설치하고, 이를 '토끼섬'이라 불렀다. 이곳의 토끼들은 제대로 관리가 되지 않아 바닷가의 매서운 한파에 시달리는 것은 물론, 늘어난 개체수에 비해 먹이도 턱없이 부족한 상태로 지내고 있다는 지적이 제기됐다. 심지어 토끼들이 땅굴을 파서 탈출하려다 바다에 빠져 죽은 것을 봤다는 사람들의 이야기도 있었다.

동물보호단체가 토끼 사육장의 열악한 환경을 지적하자, 인천경제자유구역청은 뒤늦게 대책을 발표했다. 해당 사육장 내 토끼들 일부를 중성화시키고, 추위를 견딜 수 있도록 비닐하우스를 만들어 암수를 구분해 관리하겠다고 밝혔다. 토끼 사육장의 폐쇄 요청에는 주민 의견의 수렴이 필요하다며 난색을 표했지만, 토끼섬 이전과 폐쇄 여부, 명칭 변경 등을 전문가들의 의견을 반영해 검토하겠다고 했다.

계속 반복되는 토끼 사육장의 비극?

이전에도 비슷한 사건들이 있었다. 2012년 수원시 소재한 아파트 단지 내에 수원시 주민 공모사업의 예산을 지원 받아 토끼 사육장이 지어졌다. 이때도 역시 토끼들에게 먹이가 제대로 제공되지 않는 등의 문제가 있었다. 또 작년 여름 동대문구에서 운영하던 배봉산 근린공원 내 토끼 사육장에서도 관리 부실로 개체수가 급증하면서 유기 토끼가 양산되는 상황이 발생했다. 당시에도 제대로 된 관리 없이 토끼들을 방치하는 것은 동물권 침해적 상황이며, 이를 해소하기 위하여 궁극적으로 사육장을 폐쇄해야 한다는 요구가 있었다. 그럼에도 불구하고 담당 관청에서는 주민들의 볼거리 체험 목적으로 마련된 사육장이라는 이유로 폐쇄를 쉽게 결정하지 못했다.

문제가 된 토끼 사육장과 같이 지자체가 직접 운영하거나 위탁 운영 또는 일부 예산을 지원하는 형태로 설치된 사육장은 전국적으로 상당한 것으로 추정된다. 이러한 토끼 사육장의 설치는 지방자치법에 따라 '지자체의 주민 복지 증진에 관한 사무' 또는 '주민 생활환경시설의 설치·관리 사무'로서 이루어지거나, '도시공원 및 녹지 등에 관한 법률'에 따라 쾌적한 도시환경을 위해 공원 시설을 조성하면서 마련되고 있는 것으로 보인다.

지방자치법 제9조 [지방자치단체의 사무 범위]

② 제1항에 따른 지방자치단체의 사무를 예시하면 다음 각 호와 같다. 다만, 법률에 이와 다른 규정이 있으면 그러하지 아니하다.

2. 주민의 복지 증진에 관한 사무

4. 지역개발과 주민의 생활환경시설의 설치·관리에 관한 사무

도시공원 및 녹지 등에 관한 법률 제2조 [정의]

이 법에서 사용하는 용어의 뜻은 다음과 같다.

4. "공원시설"이란 도시공원의 효용을 다하기 위하여 설치하는 다음 각 목의 시설을 말한다.

바. 식물원, 동물원, 수족관, 박물관, 야외음악당 등 교양시설

결국 주민과 도시를 위한 생활환경 개선·복지 증진 등의 목적으로 설치된 토끼 사육장이기에, 사육장 폐쇄 여부를 결정할

때 토끼의 생명·복지보다는 주민의 '볼거리', '체험거리'의 유지가 우선 고려되는 상황이 발생하는 셈이다.

동물보호법은 동물 소유자에게 동물의 생명·안전 보호 및 복지 증진 의무를 부과하고, 동물이 갈증·배고픔·영양불량 등으로 고통 받지 않도록 노력하며, 본래의 동물 습성에 가깝게 동물을 사육·관리할 의무를 규정하고 있다. 또한 반려 목적으로 기르는 동물에게 최소한의 사육 공간 제공 등 사육·관리 의무를 위반하여 상해를 입히거나 질병을 유발시키는 행위를 '동물 학대 행위'로 보고 처벌하며, 동물 유기 행위에 대하여도 과태료를 부과하고 있다. 문제된 토끼 사육장에서 발생하는 일들은 이와 같이 동물보호법을 위반한 행위들이다.

지자체는 관할구역 내 동물보호와 복지 증진의 책무를 맡고 있다. 그런 지자체가 관여하는 사육장에서 이러한 위법적인 상황이 발생하고 있었다는 점에 대하여 지자체는 깊이 반성하고, 신속하고 실효적인 후속조치를 해야 할 것이다.

지자체는 추위와 배고픔, 개체 간 다툼 속에서 고통 받는 토끼들을 위해 앞서 발표한 내용들을 신속하게 시행해야 할 것이다. 그러나 무엇보다도 필요한 후속조치는 향후 지자체가 실시하거나 지원하는 사업의 계획·검토 단계에서부터 '생명감수성'과 '동물복지'에 대한 이해를 높이는 것이다. 동물을 인간의 유희 대상으로 삼아 '볼거리', '체험거리'로 제공하는 사업은 반생명적이며 부적절하다는 인식이 자리 잡히고, 다시는 소중한 생명이 고통 받는 일이 없도록 제도적 장치가 마련되길 바란다.

4부

"동물은 물건이 아니다"

인간의 관점에서만
'적법한'
체험 동물원

2022년 6월 12일 대전의 한 동물원에서 대형 뱀과 사진을 찍던 6세 어린이가 뱀에게 손을 물리는 일이 발생했다. 이른바 '체험형 동물원'이라고 불리는 곳에서는 동물 먹이 주기부터 손이나 어깨에 올려 보기, 만져 보기, 몸에 감고 사진 찍기 등 여러 방법으로 사람들이 동물과 접촉하게 한다. 특히 이런 체험 동물원은 호기심 많은 아이들을 대상으로 하는 경우가 많다. 그런데 성인에 비해 힘 조절이 자연스럽지 않은 아이들이 동물을 만지다 보면, 동물이 상해를 입게 될 확률도 크다. 꼭 상해를 입지 않더라도 다수의 사람들과 접촉하면 (아무리 사회성이 높은 동물이라 하더라도) 동물이 극심한 스트레스를 받게 될 것이라는 사실을 부인할 수는 없다. 그렇다면 체험 동물원에서 진행되는 이런 동물 체험은 법적으로 문제가 없는 것일까?

「동물원 및 수족관의 관리에 관한 법률」(이하 '동물원수족관법') 제7조는 동물에게 해서는 안 되는 금지행위를 정하고 있다. 야생생물보호법이 정하는 학대 행위에 더해 각종 상해를 입히거나 방치하는 행위를 하면 안 된다는 것이다.

동물원수족관법 제7조 (금지행위) 동물원 또는 수족관을 운영하는 자와 동물원 또는 수족관에서 근무하는 자는 정당한 사유 없이 보유 동물에게 다음 각 호의 행위를 하여서는 아니 된다.

1. '야생생물 보호 및 관리에 관한 법률' 제8조 각 호의 학대 행위

2. 도구·약물 등을 이용하여 상해를 입히는 행위

3. 광고·전시 등의 목적으로 때리거나 상해를 입히는 행위

4. 동물에게 먹이 또는 급수를 제한하거나 질병에 걸린 동물을 방치하는 행위

야생생물보호법 제8조 (야생동물의 학대금지) ① 누구든지 정당한 사유 없이 야생동물을 죽음에 이르게 하는 다음 각 호의 학대 행위를 하여서는 아니 된다.

1. 때리거나 산 채로 태우는 등 다른 사람에게 혐오감을 주는 방법으로 죽이는 행위

2. 목을 매달거나 독극물, 도구 등을 사용하여 잔인한 방법으로 죽이는 행위

3. 그 밖에 제2항 각 호의 학대 행위로 야생동물을 죽음에 이르게 하는 행위

4. 삭제

② 누구든지 정당한 사유 없이 야생동물에게 고통을 주거나 상해를 입히는 다음 각 호의 학대 행위를 하여서는 아니 된다.

1. 포획·감금하여 고통을 주거나 상처를 입히는 행위

2. 살아 있는 상태에서 혈액, 쓸개, 내장 또는 그 밖의 생체 일부를 채취하거나 채취하는 장치 등을 설치하는 행위

3. 도구·약물을 사용하거나 물리적인 방법으로 고통을 주거나 상해를 입히는 행위

4. 도박·광고·오락·유흥 등의 목적으로 상해를 입히는 행위

5. 야생동물을 보관, 유통하는 경우 등에 고의로 먹이 또는 물을 제공하지 아니하거나, 질병 등에 대하여 적절한 조치를 취하지 아니하고 방치하는 행위

만지거나 손에 올린다고 해서 동물이 죽음에 이르거나, 눈에 보이는 '상해'를 입었다고 보기는 어려울 것이다. 그나마 적용 가능한 부분은 제2항 제1호 '포획·감금하여 고통을 주는' 행위이다. 하지만 동물원이 '보유'하고 있는 동물에 대해 수사기관

또는 법원이 '포획·감금'한 동물이라고 해석하여 '동물 학대' 규정을 적용할 가능성이 과연 얼마나 될까? 동물 입장에서는 '포획·감금'된 것이 분명할 텐데도 말이다. 이렇게 현실적으로 제재할 수 있는 규정이 없다 보니, 동물 '체험'에 대한 부정적인 인식이 꽤 확산된 지금도 체험 동물원은 운영되고 있고, 각종 사고의 발생도 현재진행형이다.

— * * * —

내가 되어 본 적 없는 동물의 입장에서 그들의 스트레스를 고려하기란 쉽지 않을 수 있다. 사실 '동물의 입장'까지 생각하지 않더라도 우리는 코로나19를 겪으면서 '동물과 접촉하는 행위'가 가지는 위험성을 몸소 느꼈다. 동물원에는 우리가 흔히 접하는 '개와 고양이' 외에도 수많은 야생동물이 있다. 자연 속에서 살아가야 할 그들을 어루만지는 동안 우리가 모르는 사이 얼마나 많은 바이러스를 접촉하게 될지 상상도 할 수 없다. 그렇다면 '인간의 안전'을 위해서라도 동물과 직접 접촉하는 '체험'에 대해서 다시 생각해 볼 일이다.

'나의' 또는 '사랑하는 내 아이의' 새로운 경험을 위해 '체험 동물원' 방문을 고려하고 있는 분들이 있다면, 이런 점을 꼭 한번 생각해 주시기를 바란다.

동물원의 동물을 괴롭히는 행위도 범죄입니다

2019년 9월경, 미국 뉴욕 주에 위치한 브롱크스 동물원에서 한 여성이 사자 우리에 무단으로 침입해 사자 앞에서 춤을 추는 황당한 사건이 벌어졌다. 이와 같은 사실이 소셜 미디어를 통해 알려지면서 해당 여성은 생명의 위협을 받을 수 있는 위험한 행동을 했을 뿐만 아니라 동물에게도 스트레스를 주는 행위를 했다며 많은 비판을 받았다. 그리고 브롱크스 동물원 측은 해당 여성을 '불법 침입' 등의 명목으로 형사고소를 진행하겠다고 밝혔다. 과연 우리나라에서 이런 행동을 했다면 어떤 처벌을 받을까?

우리나라에서 이러한 행동은 '주거침입죄'로 처벌받을 수 있다. 동물원에 '주거침입죄'라니 다소 어색하게 느껴질 수도 있다. 하지만 주거침입죄는 사람의 주거뿐만 아니라 건조물, 선박, 항공기, 방실 등에 침입한 자에 대해서도 적용된다. '침입'이라 함은 해당 공간을 점유, 관리하고 있는 자의 의사에 반하여 출입함을 의미한다.

형법 제319조 [주거침입죄]

① 사람의 주거, 관리하는 건조물, 선박이나 항공기 또는 점유하는 방실에 침입한 자는 3년 이하의 징역 또는 500만 원 이하의 벌금에 처한다.

동물원 공간은 우리의 울타리를 경계로, 대중들이 동물을 구경할 수 있는 '관람 공간'과 동물들이 지내는 '사육 공간'으로 나눌 수 있다. 관람 공간과 달리 사육 공간은 동물원 운영자 또는 사육사가 관리 내지 점유하는 '방실'에 해당한다고 볼 수 있다. 동물이 지내는 공간에 무단으로 들어가는 것은 동물원 운영자 내지 사육사의 의사에 반하는 행위이다. 따라서 동물원 운영자나 사육사가 관리, 점유하는 방실에 '침입'한 행위로 인해 형법 제319조의 '주거침입죄'로 처벌받을 수 있는 것이다.

한편, 동물원을 돌아다니다 보면 앞의 여성처럼 동물 우리 안으로 들어가는 극단적인 행위를 하지 않더라도 눈살을 찌푸

리게 하는 사람들을 볼 수 있다. 대표적인 예로 동물을 향해 돌멩이를 던지거나, 이물질 등을 먹이로 주려는 사람, 동물 우리의 벽면이나 철창을 세게 두드리는 등 동물원 시설물을 훼손하는 경우 같은 것이 있다.

이런 행동 역시 경우에 따라 형사적 처벌을 받을 수 있다. 먼저 관람객이 동물을 향해 돌멩이나 날카로운 나뭇가지 등을 던져 동물이 상해를 입거나, 먹어서는 안 될 이물질 등을 먹이로 줘 동물이 질병에 걸리게 됐다면 이는 동물보호법 제8조(동물학대)에 해당하는 행위이다. 이런 행위를 했을 경우, 2년 이하의 징역 또는 2,000만 원 이하의 벌금으로 처벌받을 수 있다.

또한 동물을 다치게 하지 않았더라도 울타리의 유리창이나 경계 등을 고의로 훼손하는 행위는 형법 제366조 '재물손괴죄'에 해당해 3년 이하의 징역 또는 700만 원 이하의 벌금으로 처벌받을 수 있다. 게다가 '위력'에 의해 동물원의 업무를 방해한 것으로 간주하여, 형법 제314조 '업무방해죄'를 위반한 것으로도 볼 수 있기 때문에 5년 이하의 징역 또는 1,500만 원 이하의 벌금으로 처벌받을 수 있다.

앞서 뉴욕에서 발생한 사건은 국내법 기준으로 보았을 때 동물 학대나 위력에 의한 업무 방해까지는 아니었기에 해당 동물원은 우리를 넘어간 행위를 짚어 '불법 침입'으로 고소한 것으로 보인다.

동물원은 멸종위기 동물을 보호하고자 하는 목적도 있지만, 동물을 일정한 공간에 가두고 사람들이 동물을 '관람'하는 '유희'를 즐기기 위해 만들어진 공간이기도 하다. 그렇기 때문에 동물원은 그 자체로도 이미 어느 정도 동물의 생명과 복지에는 제한이 가해질 수밖에 없다. 여기에 더해 관람객들이 동물을 위협하는 불법적인 행동을 일삼는다면 그곳에서 지내는 동물의 삶은 더욱 비참해질 수밖에 없다.

동물들에게 열악한 공간인 동물원이 앞으로 더 나아져야 함은 분명하고, 결국엔 폐지되어야 한다고 생각한다. 그때까지 최소한 관람객들이라도 동물원을 동물들의 새로운 삶의 공간으로 '존중'해 주는 문화가 정착되길 바란다.

정치적 도구로
이용당하는
동물들

많은 사람들 앞에서 생명을 침해하고 빼앗는 행위는 너무나도 자극적이고 잔인하다. 그러다 보니 사람들의 이목을 쉽게 끌고 싶어 하고, 극적인 효과를 원하는 사람들은 다른 생명을 빼앗는 일을 충분한 고민 없이 자행하기도 한다.

자극적인 소품으로 쓰이는 동물들

2018년 9월 18일, 대전 동물원에서 전시 중이던 퓨마가 탈출하는 사건이 있었다. 당시 신고를 받고 출동한 경찰과 소방당국은 마취총을 맞고 동물원 인근 야산으로 달아난 퓨마를 사살했다. 이 소문은 삽시간에 포털 사이트의 상위 검색어를 차지했고, 대중의 많은 관심을 받았다. 그런데 약 한 달 뒤, 한 국회의원이 국정감사장에 작은 철창에 갇힌 벵갈고양이를 데리고 등장했고, "동물을 하나 가져왔다"라고 말했다.

낯선 공간에서 낯선 사람들에게 둘러싸인 벵갈고양이는 낮게 몸을 움츠리고 꼬리를 말아 붙이고 있었다. 고양이에 관심이 있는 사람이라면 경계 태세를 취하고 있음을 한눈에 알아차릴 수 있을 정도였다. 이 일에 대해 '동물 학대'라는 비판이 일었으나, 법적으로 분석하면 동물보호법이 정하는 동물 학대에는 해당하지 않는 것으로 보인다.

동물보호법 제2조

제1호의 2 '동물 학대'란, 동물을 대상으로 정당한 사유 없이 불필요하거나 피할 수 있는 신체적 고통과 스트레스를 주는 행위 및 굶주림, 질병 등에 대하여 적절한 조치를 게을리하거나 방치하는 행위를 말한다.

동물 학대의 개념을 ① 정당한 사유 없이 불필요하거나 피할 수 있는 신체적 고통, 스트레스를 주는 행위, ② 굶주림, 질병 등에 대해 적절한 조치를 게을리하거나 방치한 행위로 나눈다면 벵갈고양이가 국정감사장에서 스트레스 반응을 보인 것만으로는 동물보호법상 동물 학대라 보기 어렵기 때문이다. 그러나 현행법에 위반되지 않는다고 해서 이와 같은 행위가 정당화되어서는 안될 것이다.

지금 그 벵갈고양이는 어떻게 되었을까?

해당 국회의원은 벵갈고양이가 사살된 퓨마와 비슷한 외형을 가지고 있어 데려왔다고 했다. 그는 이 고양이를 국정감사 전에 과연 어디서 데리고 왔을까? 우연히 길고양이 중 벵갈을 잡아 데리고 왔다기엔 너무 깨끗해 보였고, 나이 또한 많아 보이지 않았다. 해당 국회의원실에서는 벵갈고양이의 출처를 밝히지 않았으니 해당 국회의원이 보호하는 고양이도, 누군가에게서 잠시 대여한 고양이도 아닌 것으로 보인다. 그렇다면 빠른 시일 내에 손쉽게 어린 품종묘를 구할 방법은 펫숍에서 벵갈고양이를 '구매'하는 방법밖에 없었을 것이다.

사람들로부터 많은 지탄을 받자 해당 국회의원은 국정감사 다음 날 벵갈고양이와 잘 지내고 있는 모습을 보여 주는 사진을 올렸다. 하지만 그로부터 3년이 지난 지금, 해당 벵갈고양이가 여전히 그 국회의원과 잘 지내고 있는지는 확인되지 않는다. 해당 국회의원이 보호하고 있지 않다면 아마도 벵갈고양이를 급하게 데려온 곳으로 되돌려 보냈거나, 다른 사람이 데려가 키우고 있거나 심지어 버려졌을 가능성도 배제할 수 없다. 보호자를 만나 좋은 환경에서 자라고 있길 바라지만, 손쉽게 취득한 동물의 처지 또한 쉽게 결정되는 것 같아 마음이 무거워진다.

이목을 끌기 위한
동물 생명 침해의 반복

그로부터 3년이 지난 2021년, 국정감사장에는 한 국회의원이 새만금 공사현장에 사용된 제강 슬래그 침출수의 영향을 확인한다며, 침출수가 담긴 수조에 미꾸라지와 금붕어를 집어넣었다. 미꾸라지와 금붕어는 수조 안에서 몸부림치다가 곧 죽고 말았다. 하지만 이 상황을 국정감사장에서 아무도 제지하지 않았다는 사실이 더욱 놀라웠다.

미꾸라지와 금붕어가 사람이 들을 수 있는 정도의 소리를 낼수 있었다면 그 국회의원은 미꾸라지와 금붕어를 슬래그 침출수가 있는 수조에 넣을 수 있었을까? 국회의원은 수조 안에 리트머스 시험지를 넣어 침출수가 알칼리수라고 설명했다. 그렇다면 미꾸라지와 금붕어를 고의적으로 죽이지 않고 처음부터 리트머스 시험지로 침출수가 알칼리수라는 설명을 할 순 없었을까? 미꾸라지와 금붕어는 사람들에게 경각심을 준다기보다 오로지 충격을 주기 위한 장치로 이용되고 생명을 빼앗겼다는 느낌을 지울 수 없다.

일각에서는 해당 국회의원이 '동물실험'을 한 것이므로 동물실험에 관한 규정을 위반한 것이라고 주장했다. 그러나 법적인 개념으로서 '동물실험'은 교육·시험·연구 및 생물학적 제제의 생산 등 과학적 목적을 위하여 실험동물을 대상으로 실시하는 실험 또는 그 과학적 절차를 의미하므로(실험동물에 관한 법률 제2조 제1호), 해당 국회의원이 국정감사장에서 슬래그 침출수에 미꾸라지와 금붕어를 넣은 연출은 과학적 목적을 위한 실험이나 과학적 절차라고 볼 수는 없어 동물실험이라고 보기는 어렵다.

동물 학대 행위에 해당한다면
'동물보호법' 위반으로

한편 금붕어와 미꾸라지는 신경 체계가 발달한 척추동물 중 어류에 해당하여 동물보호법이 정한 동물에 속한다. 따라서 해당 국회의원은 정당한 사유 없이 동물을 죽음에 이르게 한 행위로 동물보호법이 금지한 동물 학대 행위(동물보호법 제8조 제1항 제4호 위반)를 한 것으로 평가될 수는 있다.

동물보호법 제8조 (동물 학대의 금지)

제1항 누구든지 동물에 대하여 다음 각 호의 행위를 하여서는 아니

된다.

4. 그 밖에 수의학적 처치의 필요, 동물로 인한 사람의 생명·신체·재산의 피해 등 농림축산식품부령으로 정하는 정당한 사유 없이 죽음에 이르게 하는 행위

국정감사장에서 국회의원들이 세간의 이목을 끌기 위해 동물을 반입하고 '쇼'를 보여 주는 일이 종종 발생해 국정감사장에 동물의 반입을 금지하는 취지의 법안(벵갈고양이 금지법)이 발의되기도 했으나, 통과되지는 않았다. 3년 전이나 지금이나 동물의 지위를 이용해 잔인하고, 자극적인 장면을 연출하는 방법은 타인의 이목을 쉽게 끌기 위한 수단으로 사용되고 있다. 이는 사람이 동물에 대해 가진 존중과 인식 수준을 단적으로 드러내는 행위이다.

아무리 필요한 법안을 발의해도 계류하다 폐기되는 경우가 대부분이라 실효성은 거의 없다. 국정감사장을 비롯해 대중에게 동물의 공개가 필요하다면 비용과 시간이 들더라도 섭외, 이동, 반환까지 동물이 스트레스를 받지 않는 방법으로 이루어져야 하며, 불가피성과 정당한 목적을 가지고 있어야 한다. 그리고 그 과정에서 일어날 수 있는 동물 학대에 관해서는 동물보호법이 금지한 행위인지를 가려 이에 대한 책임을 엄중히 물어야 할 것이다.

우리는 동물의 죽음을 이용한 전달이 아니더라도 메시지를 이해하고 받아들일 준비가 되었다. 생명에 대한 불필요한 침해, 단지 사람의 이목을 끌기 위해 동물을 이용하는 일이 더 이상 발생하지 않길 희망한다.

국가가 허용한
동물 학대,
'소싸움 축제'

인류는 고대부터 수확, 종교적인 의미를 담아 축제를 열고 구성원의 결속을 다져 왔다. 이러한 축제에는 동물이 등장하기도 했는데, 동물은 축제 과정에서 보통 도살되거나 사냥의 대상이 되곤 했다. 현대의 축제는 종교적인 이유나 구성원 간 유대를 강화하기 위한 목적보다는 사람들의 '즐거움'을 위해 열리고 있다. 동물이 등장하거나 이용되는 축제에서, 사람들의 단순한 '즐거움'을 위해 동물이 비인도적으로 희생되는 경우가 있어 비난의 목소리가 높다. 동물이 이용되는 축제를 옹호하는 입장에서는 오래된 축제가 갖는 전통의 중요성과 축제를 보러 오는 관광객들로 인한 지역경제 활성화의 장점을 말하고 있다.

우리나라에서 대표적으로 동물이 이용되는 축제로는 '소싸움 축제'가 있다.

황소 2마리를 맞붙여 승부를 겨루는 놀이인 소싸움은 신라와 백제가 싸워 이긴 전승기념 잔치에서 비롯되었다는 설과, 고려 말엽에 자생적으로 생겨난 놀이라는 설이 있을 정도로 옛날부터 한반도에서 전해 내려온 민속놀이이다. 많은 농민들이 소싸움을 통해 농경생활의 고달픔을 해소할 수 있었다고 한다. 소싸움은 일제강점기에 이를 구경하러 온 군중들이 항일 운동을 일으킬 우려가 있다는 이유에서 정책적으로 중단되었다가 1970년대부터 다시 활성화되었다. 그리고 1990년대에 이르러 영남 소싸움 대회로 규모가 커지기 시작했다.

소싸움 경기는 현재 「전통 소싸움 경기에 관한 법률」로 규율되고 있다. 해당 법률은 "전통적으로 내려오는 소싸움을 활성화함으로써 농촌지역 개발과 축산발전 촉진에 이바지하기 위하여 소싸움 경기의 경기시행자, 허가권자, 경기투표권의 발매, 경기투표 방법, 경기의 심판 및 조교사의 등록·면허, 환급금 등 소싸움 경기에 관련되는 제도적 사항을 규정"하기 위해 제정되었다.

출처: 청도공영사업공사 누리집, https://www.cpc.or.kr/bullfighting guide.do?method=AUmHistory2

전통 소싸움 경기에 관한 법률

제1조 (목적) 이 법은 전통적으로 내려오는 소싸움을 활성화하고 소싸움 경기에 관한 사항을 규정함으로써 농촌지역의 개발과 축산발전의 촉진에 이바지함을 목적으로 한다.

제2조 (정의) 이 법에서 사용하는 용어의 뜻은 다음과 같다.

1. "소싸움"이란 소싸움 경기장에서 싸움소 간의 힘겨루기를 말한다.

2. "소싸움 경기"란 소싸움에 대하여 소싸움 경기 투표권을 발매(發賣)하고, 소싸움 경기 투표 적중자에게 환급금을 지급하는 행위를 말한다.

3. "싸움소"란 소싸움 경기에 출전하게 할 목적으로 소싸움 경기 시행자에게 등록된 소를 말한다.

동물보호법은 도박·광고·오락·유흥 등의 목적으로 동물에게 상해를 입히는 행위와 도박을 목적으로 동물을 이용하는 행위를 금지하고 있는데, 「전통 소싸움 경기에 관한 법률」에 따른 소싸움 경기는 허용되는 것으로 명시적으로 규정하고 있다. 따라서 소싸움 경기 자체를 법률상으로는 동물보호법 위반 행위로 곧장 평가할 수는 없다.

동물보호법

제8조 (동물 학대 등의 금지) ② 누구든지 동물에 대하여 다음 각 호의 학대 행위를 하여서는 아니 된다.

3. 도박·광고·오락·유흥 등의 목적으로 동물에게 상해를 입히는 행위. 다만, 민속경기 등 농림축산식품부령으로 정하는 경우는 제외한다.

⑤ 누구든지 다음 각 호의 행위를 하여서는 아니 된다.

2. 도박을 목적으로 동물을 이용하는 행위 또는 동물을 이용하는 도박을 행할 목적으로 광고·선전하는 행위. 다만,「사행산업통합감독위원회법」 제2조 제1호에 따른 사행산업은 제외한다.

동물보호법 시행규칙

제4조 (학대 행위의 금지) ③ 법 제8조 제2항 제3호 단서에서 "민속경기 등 농림축산식품부령으로 정하는 경우"란 「전통 소싸움 경기에 관한 법률」에 따른 소싸움으로서 농림축산식품부장관이 정하여 고시하는 것을 말한다.

사행산업통합감독위원회법

제2조 (정의) 이 법에서 사용하는 용어의 정의는 다음과 같다.

1. "사행산업"이라 함은 다음 각 목의 규정에 따른 것을 말한다.

바. 소싸움 경기:「전통 소싸움 경기에 관한 법률」에 따른 소싸움 경기

그러나 "소싸움 경기"를 동물 학대라고 주장하는 견해도 존재한다. 소싸움을 준비하는 소는 몸집을 불려야 하는데 초식동물인 소에게 육류를 먹이는 경우가 있고, 억지로 혹독한 훈련을 시키는 것은 물론 소싸움 경기 명목으로 싸우게 하면서 그 과정에서 날카롭게 다듬어 놓은 뿔로 인해 소가 상해를 입을 수 있기 때문이다. 반면 소싸움 경기를 주관하는 측에서는 조상의 혼과 숨결이 살아 있는 전통문화 유산이라며, 이와 같은 비판에 반박한다. 닭싸움이나 개싸움과 달리 정부가 특별히 법을 만들어 허용하고 있다는 점이 동물 학대로 보기 어렵다는 주장의 근거가 되기도 한다. 또한 소싸움 경기가 독특한 지역축제로서 관광객들을 불러 모으고 있다는 긍정적인 효과를 제시하기도 한다.

— ❊ ❊ ❊ —

동물이 등장하는 축제는 아직도 전 세계 곳곳에 존재한다. 다만, 최근에는 동물의 복지와 생명 존중사상이 보편적인 가치로 자리 잡으면서 동물이 잔인하게 희생되는 축제는 사라지고 있는 추세다. 스페인의 황소축제는 500여 년의 역사를 가진 행사지만, 스페인 국민의 70% 이상이 동물 학대를 이유로 이 축제를 그만하기를 원했고, 이에 스페인 지방정부는 축제에서 황소를 쫓고 상해를 입히는 행사를 금지했다. 베트남에서도 2016년

코호족의 행사인 '버팔로 찌르기'를 금지했다. 2011년 이탈리아 문화부는 동물 학대를 즐기는 행사는 이탈리아 문화유산에서 제외한다고 발표하기도 했다.

소싸움 경기도 싸움소에 대한 학대나 희생만을 강요하는 것이 아닌 싸움소에 대한 복지와 안전을 추구하면서 즐거움을 줄 수 있는 다양한 방식의 고민이 필요할 때이다. 우리나라의 전통 민속놀이이자 지역 축제인 소싸움 경기가 후대에 널리 전승될 수 있도록 사람과 동물이 함께 즐거울 수 있는 소싸움 경기의 새로운 대안이 구현되기를 기대해 본다.

어느 방송사의
'동물을 사랑하시는 분들'을
향한 사과

2022년 1월 19일 동물보호단체가 KBS 사극『태종 이방원』7화에 나온 낙마장면을 비판하는 성명서를 발표했는데, 이에 따라 낙마장면을 촬영하다가 스턴트맨이 부상당하고 말이 죽은 사건이 밝혀졌다. 방송 촬영 중 동물 학대가 일어났다는 사실에 여론의 비판이 거세게 일었다. 좀처럼 사그라지지 않는 대중의 분노에 KBS 측은 두 차례에 걸쳐 공식 사과문을 발표했고, 정부도 이 이슈에 대응하고 나섰다. 농림축산식품부는 보도 자료를 통하여, "각종 촬영 현장에서 출연동물에 대한 적절한 보호조치가 이뤄질 수 있도록 방안을 강구하겠다"면서 '출연동물 보호 가이드라인'을 마련하고 출연동물의 보호·복지를 위한 제도 개선방안을 검토할 계획이라고 밝히기도 했다. 촬영에 이용되었다가 사망한 말은 '까미'라는 이름의 은퇴 경주마였다고 한다.

말의 다리를 묶어 당긴 행위, 동물 학대 맞을까?

동물권 관련 전문가들은 말의 습성 및 현장 촬영 영상 등에 비추어 제작자에게 동물보호법 위반(동물 학대) 혐의가 인정될 수 있을 것으로 보았지만, 실제로 형사 처벌이 이루어지지는 않은 것으로 보인다. 해당 행위는 법 제8조 제2항 제1호(도구를 사용하여 상해를 입히는 행위) 또는 제4호(그 밖에 정당한 사유 없이 신체적 고통을 주거나 상해를 입히는 행위)에 해당할 가능성이 있고, 보다 구체적으로 말이 사망한 원인 및 경위에 비추어 제1항 제1호(잔인한 방법으로 죽음에 이르게 하는 행위) 또는 제4조(그 밖에 정당한 사유 없이 죽음에 이르게 하는 행위)가 적용될 수도 있다. 타인 소유의 동물에 상해를 입히고 사망에 이르게 했으므로 형법상 재물손괴 혐의에 해당할 수도 있다.

한편 같은 조 제5항 제4호에서는 '영리를 목적으로 동물을 대여하는 행위'를 원칙적으로 금지하고 있고, 시행규칙 제4조 제8항 제2호는 '해당 동물을 관리할 수 있는 인력이 대여하는 기간 동안 적절한 사육·관리를 하는 것'을 조건으로 촬영, 체험, 교육 목적의 대여를 예외적으로 허용하고 있다. 예외의 범위가 지나치게 넓고 법률의 위임 취지에 반한다는 점 및 시행규칙 [별표1]에서 정하고 있는 적절한 사육·관리 기준이 최소한의 기준에 불과하며 실효성이 없다는 점은 별론으로 하더라도, 까미의 대여자가 이 최소한의 규정을 준수했는지도 의문이다. 앞의 조문은 '대여 행위'를 처벌하는 규정이므로 까미의 대여자가 동물보호법 위반으로 처벌받을 가능성도 존재한다는 뜻이다.

방송심의위원회도 쏟아지는 민원에 해당 장면에 대한 심의를 검토 중이라고 한다. 방송법 제33조로부터 위임을 받아 제정된 방송통신위원회 고시 방송심의에 관한 규정에서는 동물을 '학대하거나 살상하는 장면'에 대한 규제를 두고 있다. 이는 극의 전개상 해당 장면 자체가 동물 학대나 살상을 '연출' 내지 '표현'하고 있다는 말이고, 이번 사안과 같이 '말이 사고로 넘어지는 장면'을 연출하는 과정에서 그 수단으로 학대 행위가 이루어진 경우에 적용되는 규정은 없는 것으로 보인다.

방송심의위원회 규정

제26조 [생명의 존중]

③ 방송은 내용 전개상 필요한 경우라 하더라도 동물을 학대하거나 살상하는 장면을 다룰 때에는 그 표현에 신중을 기하여야 한다.

제37조 (충격·혐오감) 방송은 시청자에게 지나친 충격이나 불안감, 혐오감을 줄 수 있는 다음 각 호의 어느 하나에 해당하는 내용을 방송하여서는 아니 된다. 단 내용 전개상 불가피한 경우에는 극히 제한적으로 허용할 수 있으나 이 경우에도 표현에 신중을 기하여야 한다.

5. 잔인하고 비참한 동물 살상 장면

밝혀져야 할 의문점들

KBS는 최초 입장문에서 "사고 후 말을 돌려보냈다"고 했으므로 이는 제작진이 말을 그 소유자 내지 관리자로부터 대여 받았음을 의미한다. 또한 "사고 직후 말이 스스로 일어났고 외견상 부상이 없었다는 점을 확인한 뒤 돌려보냈지만, 최근 말의 상태를 걱정하는 시청자들의 우려가 커 재확인해 보니, 안타깝게도 촬영 후 1주일쯤 말이 사망했다는 사실을 확인했다"고 한다.

이 내용이 사실이라면, 말은 촬영 후 스스로 일어남은 물론 걸을 수 있는 상태였고 특이 소견이 없는 상태로 대여자가 직접 데리고 가거나 제작진으로부터 인도받았어야 한다. 그러나 제작진의 설명은 상해의 정도에 비추어 믿기 어렵다. 또한 사건이 공론화된 시점은 말이 사망한 지 최소한 2주 이상이 경과한 후라는 것인데, 소유자가 말의 사망에 대해서 KBS에 아무런 불만을 제기하지 않았다는 점도 의문이다. ① 소유자에게 까미의 경제적인 가치가 미미했거나, ② 계약 당사자들이 까미의 상해 내지 사망에 대해 대여계약 당시 예견하고 있었거나, ③ 촬영장에 대여한 동물이 죽는 일이 관계자들에게 흔한 일일 것이라는 추측이 가능하다.

당시 촬영 현장을 담은 영상을 보면 현장에서는 지휘감독자 외에도 여러 스태프가 동원되어 해당 장면 촬영을 보조했다. "직원이 상관의 위법 내지 불법인 명령에는 따라야 할 의무가 없으므로 이를 따르더라도 강요된 행위로 인정하지 않는다"는 판례의 태도에 비추어, 행위자인 직원(스태프)들은 동물 학대의 공동정범이나 방조범에 해당할 수 있다. 그러나 동물을 소품처럼 사용해 온 드라마 촬영장의 관행 등 여러 가지 사정을 짐작해 볼 때, 일반 스태프들은 학대 행위를 실행에 옮기는 것을 (실질적으로) 강요받은 피해자는 아니었는지, 사실관계가 조사되었으면 한다.

"다시 한 번 시청자분들과 동물을 사랑하시는 분들에게 진심으로 사과드립니다."

위 문장은 KBS의 최초 사과문에서 유독 불편했던 대목이었다. 사람이 아닌 '말'을 대상으로 사과하라는 주장은 물론 아니다. 다만 '동물을 사랑하시는 분들'을 하나의 집단으로 분류하고 사과를 한다는 것이 너무나 구시대적인 발상으로 느껴졌다. '동물을 사랑하시는 분들'이 동물보호 관련 단체들을 에둘러 표현한 것인지, 시민들의 항의가 '동물 사랑'에서 비롯된 것으로 전제한 것인지는 잘 모르겠다. 다만 이렇게 중요한 상황에서 저런 표현을 쓸 만큼, 동물권에 대한 공영 방송국의 이해가 낮았던 것은 아닌지 실망감이 컸다.

인간 또한 타인의 동물 학대 행위로 인해 인격권을 침해받거나 정신적인 고통을 느끼는 피해자가 될 수 있다. 그러나 동물 학대죄를 비롯한 동물보호 관련 규정의 주된 보호법익은 인간 중심적인 것이 아닌 동물의 생명 및 신체의 안전과 동물권이어야 함을 강조하고 싶다.

. . . .

미국의 동물보호단체 아메리칸 휴메인American Humane의 "동물은 해를 입지 않았습니다No animals were harmed"라는 크레딧으로 잘 알려진 미국의 동물 촬영 가이드라인 및 모니터링은 이미 100년에 가까운 역사를 가지고 있다. 우리에게 의지만 있다면 참고할 만한 선례는 충분히 쌓여 있음을 뜻한다. 국내에서도 PNR 및 여러 전문가가 참여하고 동물권행동 카라가 발간한 「동

물 출연 미디어 가이드라인」이 2020년 배포되었는데 이번 사건
을 계기로 뒤늦게 주목받고 있다.

　이번 사건이 방송가는 물론 정부의 정책에까지 영향을 미칠
만큼, 동물권에 대한 시민들의 의식이 예전과 크게 달라졌음을
느낀다. 다만 이번만큼은 촬영 과정에서 동물이 다치지 않도록
'노력해야 한다'거나 CG 등 대체 수단을 찾도록 '노력해야 한다'
는 선언적인 규정들을 문서화하는 것에서 끝나지 않았으면 한
다. 우리는 이미, 꽤 늦었기 때문이다.

반복되는 사육곰 탈출과 사육곰 농가의 진실

2021년 7월 6일, A씨가 운영하는 경기 용인시 한 곰 사육농장에서 '반달가슴곰' 2마리가 철장을 부수고 탈출했다. 그중 1마리는 수색대에 발견되어 사살되었고, 나머지 1마리의 행방은 아직 묘연한 상황이다. 해당 농장주는 뒤늦게 탈출한 곰이 1마리일 수도 있다고 해명하며 오락가락하는 모습을 보였다.

추후 A씨가 사고 당시 자신의 곰 불법 도축 사실을 숨기려고 1마리가 탈출했음에도 2마리가 탈출했다고 허위 신고한 사실이 밝혀졌으며, A씨는 공무집행방해 등 혐의로 징역 6개월을 선고받고 복역한 후 출소했다. A씨의 곰 농장에서는 2006년부터 2021년까지 12마리의 곰이 탈출하고 A씨가 불법 도축을 하는 등 사고가 끊이지 않았으나, A씨의 구속기간 동안 야생생물 관리협회의 위탁관리 하에서도 관리가 제대로 이루어지지 않았고, 결국 한강유역환경청은 출소한 A씨에게 농장을 다시 넘겨주었다.

2021년 대한민국에서 국제적인 멸종위기종인 곰이 동물원이 아닌 민간의 '농장'에서 사육되고 있다는 사실은 매우 놀랍다. 민간의 사육농장에서 곰이 탈출하는 사고는 거의 매해 한두 건씩 발생하고 있는 상황이다. 하지만 정부당국은 이에 대한 근본적인 해결책을 마련하지 않은 채, 사육곰들을 열악한 농장 환경에 방치하고 있다.

우리나라 민간 농가에서 곰을 사육하게 된 것은 「조수 보호 및 수렵에 관한 법률」(2005년 2월 10일 폐지)을 근거로 시작되었다. 1981년경 정부당국이 농가의 소득 증대 방안으로, 개인도 일정한 시설을 갖춘다면 말레이시아 등에서 곰을 수입하여 사육한 후 재수출할 수 있도록 하는 사업을 독려한 것이다. 그러나 곰은 1973년에 채택된 '멸종위기에 처한 야생동식물종의 국제거래에 관한 협약(CITES)'에 따라 이미 세계적인 멸종위기 야생동물로서 보호받고 있었다. 이에 따라 수입·수출 등이 금지되어 있었고, 뒤늦게 국제적인 비난에 직면한 당국은 1985년 슬그머니 곰의 수입·수출을 금지했다. 그리고 1993년 우리나라가

CITES에 정식 가입함으로써 곰의 재수출도 금지되었다.

당시 사육곰 관련 주무부처였던 산림청은 그동안 수입해 사육하고 있던 곰과 그 곰으로부터 증식된 곰을 가공품의 재료로는 사용할 수 있도록 허용했다. 하지만 관련 업무가 환경부로 이관된 후, 2005년「야생생물 보호 및 관리에 관한 법률」이 제정되면서, 허가 없이 국제적 멸종위기종을 증식해 개체를 증가시키는 경우를 처벌하도록 했다. 결국 곰 사육 농가들은 임의로 곰을 번식시킬 수 없게 되었다. 정부당국의 말만 믿고 곰 사육을 시작한 농가들로서는 정부의 무책임한 대응에 반발할 수밖에 없었다. 이에 당국은 2005년「야생동식물보호법 시행규칙」상 웅담 채취를 위한 곰의 도축 연한을 10년으로 낮추는 규정을 마련하여, 결과적으로 오직 19g 가량의 약용 웅담 채취를 위한 곰 도축이 합법화되기에 이르렀다.

야생동식물보호법 시행규칙 [별표 5]
곰의 처리기준(제22조 제1항 제4호 관련)

종류	처리기준 (나이)	
	85년 이전에 수입된 곰	85년 이전에 수입된 곰으로부터 증식된 곰
큰곰	25년 이상	10년 이상
반달가슴곰	24년 이상	10년 이상
늘보곰	40년 이상	10년 이상
말레이곰	24년 이상	10년 이상
아메리카흑곰	26년 이상	10년 이상

정부는 환경부를 주무관청으로 하여 「사육곰 관리지침」을 마련하고, 중성화 사업을 진행하여 개체 증식을 막는 등 사육곰에 대한 관리감독을 하고 있다. 그러나 이번 곰 탈출 사건에서 볼 수 있듯이 정부당국의 관리는 형식적인 수준에 머물고 있는 상황이다. 정부당국은 반달곰 탈출, 불법 증식 등이 끊이지 않는데도, 적극적으로 개입할 근거가 없다는 이야기만 반복하며 사육곰 문제 해결을 회피하고 있다.

이러한 정부의 태도를 비판하며, 지난 18대·19대 국회에서는 사육곰 문제를 특별법으로서 해결하고자 하는 노력이 있었다. 「사육곰 관리를 위한 특별법안(홍희덕 의원, 장하나 의원), 사육곰의 증식금지·보전 및 용도변경 등에 관한 특별법안(최봉홍 의원)」의 주요 내용은 '사육곰에 대한 국가의 직접 관리, 중성화 조치, 정부의 농가에 대한 보상금 지급, 사육곰의 가공품 재료로의 사용 금지(웅담 채취 금지)' 등이다. 정부의 주도로 시작된 시대착오적인 곰사육 정책은 결국 정부가 결자해지해야 한다는 것이다.

환경부가 현재 파악하고 있는 사육곰의 개체수는 400여 마리이다. 민간의 열악한 농가에 곰 사육을 맡겨 두는 이상, 성체인 곰들이 자신의 영역을 확보하지 못하고 좁은 사육장에서 지내면서 과도한 스트레스에 노출되거나 폐사하는 등의 문제는 계속 발생할 수밖에 없다. 더욱이 웅담 채취를 위한 도축을 허용하는 법제도가 가지는 반생명적인 한계는 국제적인 비난을 받을 수밖에 없을 것이다.

— • • • —

사육곰 문제에 지속적인 목소리를 내 온 동물보호단체들은 국가 차원의 사육곰 관리와 곰을 위한 보호시설 마련을 촉구하고 있다. 이에 정부는 2024년 개관을 목표로 전남 구례군에 첫 곰 보호시설을 조성 중이다.

정부당국은 곰 보호시설 개관 전까지 전국의 사육곰 실태를 정확히 파악하고, 농가와의 적극적 협의를 끌어낼 책무가 있다. 곰 보호시설의 지속적인 운영을 위한 예산도 확보해야 하고, 필요한 경우 농가에 대한 보상금도 책정해야 할 것이다. 사람과 동물의 조화로운 공존이라는 목표를 위한 정부당국의 보다 책임 있는 조치를 기대해 본다.

5부

사회적 이슈로 살펴보는
동물 이야기

'맹견'만 규제한다고 개 물림 사고를 막을 수는 없다

2019년 경기 용인시 한 아파트에서 폭스테리어 품종의 개가 35개월 된 여아의 허벅지를 문 사고가 있었다. 당시 폭스테리어는 목줄을 하고 있었지만, 보호자는 흥분한 반려견을 제어하기 어려웠다고 한다. 사건이 보도된 후 해당 폭스테리어가 사람을 공격한 게 처음이 아닌 것으로 밝혀지면서 논란은 더 커졌다. 공격성이 높은 강아지를 제대로 관리·교육하지 않은 보호자에 대한 비난은 물론, 현행 동물보호법상 '입마개 착용 의무화' 규정을 보완해야 한다는 목소리도 나오고 있다.

2019년부터 시행된 개정 동물보호법 및 그 하위규정은 ① 도사견 ② 아메리칸 핏불테리어 ③ 아메리칸 스태퍼드셔 테리어

④ 스태퍼드셔 불테리어 ⑤ 로트와일러 및 이 개들과의 잡종견을 '맹견'으로 규정하고 있으며, 맹견으로 분류된 견종은 3개월령 이상이 되었다면 외출 시 입마개 착용을 의무화하고 있다. 현행법에 따르면 폭스테리어 견종은 '맹견'에 해당하지 않으므로 외출 시 입마개를 착용시켜야 할 법적 의무는 없다.

동물보호법 제13조의 2 (맹견의 관리)

① 맹견의 소유자 등은 다음 각 호를 준수하여야 한다.

2. 월령이 3개월 이상인 맹견을 동반하고 외출할 때에는 농림축산식품부령으로 정하는 바에 따라 목줄 및 입마개 등 안전장치를 하거나 맹견의 탈출을 방지할 수 있는 적정한 이동 장치를 할 것

농림축산식품부는 2018년 개 물림 사고를 방지하고자 '사람을 공격해 상해를 입힌 이력이 있거나 체고(발바닥에서 어깨까지의 높이) 40cm 이상인 개를 관리 대상견으로 분류하여 이들에 대해 엘리베이터, 건물의 복도 등 협소한 장소에서의 입마개 착용을 의무화'하는 반려견 안전 관리대책을 발표하기도 했으나, 체고를 기준으로 공격성을 판단하는 것은 적절하지 않다는 여론의 반발에 따라 무산되었다. 이에 일부 외국의 입법례를 참고하여 견종을 기준으로 맹견을 구분하고 소유자 등에게 추가 의무를 부과하게 된 것이었다. 하지만 이후에도 개 물림 사고는 여

전히 사라지지 않았다.

그렇다면 해외에서는 개 물림 사고에 어떻게 대처하고 있을
까. 일부 국가는 우리가 참고한 것과 같이 특정 견종을 맹견으로
지정하여 사육을 금지하거나 추과 의무를 부과하고 있고, 일부
국가는 견종에 따라 일률적으로 입마개 착용을 의무화하기보다
는 맹견 또는 위험견 평가를 거쳐 공격성이 있다고 판단되는 개
에게 입마개 착용 조치를 취하고 있다.

한 예로, 독일 노르트라인-베스트팔렌 주에서는 체고 40cm
또는 체중 20kg 이상의 개를 '큰 개'로 규정하고, 이 범주 안에
들어가는 개는 반드시 '적성 평가'를 받도록 하고 있다. 적성 평
가에서는 해당 개가 다른 대상을 공격할 가능성이 있는가를 판
단하는데, 공격성이 있다는 진단을 받으면 입마개를 착용하도
록 하고 있다. 큰 개에 해당하지 않는 견종이라고 하더라도 물림
사고를 일으켰을 때에는 법원 판단에 따라 입마개 착용 여부를
결정한다. 즉 각 개체의 공격성을 평가하고 그 결과를 바탕으로
입마개 착용 여부를 결정하는 것이다.

— · · · —

폭스테리어 사건 이후 일각에서는 '모든 개에게 입마개를 착
용시켜야 한다'거나, '폭스테리어도 맹견에 포함시켜야 한다'고

주장했다. 하지만 현행법과 같이 형식적으로 맹견에 해당하는 종을 구분하고, 공격한 이력이 있는 개들에게 입마개 착용을 의무화하는 것만으로는 개 물림 사고를 예방하기 부족하다고 생각한다.

개 물림 사고를 방지하기 위해서는 개체별 반려견에 대한 공격성을 평가하고, 그에 맞는 적절한 교육 프로그램을 제공하는 것이 바람직하다. 그와 더불어 보호자들이 반려견에 대한 충분한 사전 지식을 가지고 자신의 반려견에게 제대로 된 사회화 교육과 적절한 관리를 제공할 수 있는 토대를 마련해야 한다.

당장 모든 반려견의 성향과 내재된 공격성을 평가하는 것은 현실적으로 어려운 점이 있을 것이다. 하지만 그렇다고 해서 특정 견종에게 입마개를 씌울 것이냐, 말 것이냐 하는 논쟁은 지나치게 소모적이다. 하루라도 빨리 개들의 공격성을 제대로 평가하고, 반려인들이 제대로 된 교육과 관리를 할 수 있도록 제도적 장치를 만드는 것이 장기적인 측면에서 우리가 반려견과 함께 행복하고 안전하게 살 수 있는 환경을 만드는 방법일 것이다.

여전히 부족한
우리 사회의
'안내견'에 대한 시선

한 대기업이 운영하는 대형마트에서 특별한 사유 없이 장애인 보조견의 출입을 거부하여 논란이 된 사건이 있었다.

장애인 보조견은 현재 보건복지부 고시인 '장애인 보조견 전문훈련기관의 시설 기준'에 따라 '전문훈련기관'에서 전문가의 훈련이나 훈련 관련 자원 봉사자의 위탁 교육을 거쳐야 한다. 이런 과정을 거친 후에 보조견이 필요한 장애인에게 보급되어 그들의 복지 증진 및 사회활동 참여에 도움을 주고 있다. 이에 장애인 복지법에서는 장애인 보조견의 출입을 정당한 사유 없이 거부해서는 안 된다고 규정하고 있다.

장애인 복지법 제40조

③ 누구든지 보조견 표지를 붙인 장애인 보조견을 동반한 장애인이 대중교통수단을 이용하거나 공공장소, 숙박시설 및 식품접객업소 등 여러 사람이 다니거나 모이는 곳에 출입하려는 때에는 정당한 사유 없이 거부하여서는 아니 된다.

이 법률은 지정된 전문훈련기관에 종사하는 장애인 보조견 훈련자는 물론 퍼피워커 등 훈련 자원봉사자에게도 동일하게 적용된다.

또한 「장애인차별금지 및 권리구제 등에 관한 법률」 제18조에서도 시설물의 소유 관리자가 보조견이 장애인과 함께 시설물에 들어오거나, 시설물을 사용하는 것을 제한·배제·분리·거부해서는 안 되고, 장애인이 시설물을 접근·이용할 때 정당한 사유 없이 적절한 편의를 제공하는 것을 거부해서는 안 된다고 규정하고 있다.

그럼에도 불구하고 왜 계속해서 장애인 보조견의 출입을 거부하는 사례가 발생하는 것일까? 일부 공공장소의 관리자 등은 '입마개'를 장애인 보조견의 출입을 거부하는 사유로 든다. 대형견에 해당하는 장애인 보조견이 '입마개'를 하지 않아 이용자들에게 위협을 가할 우려가 있다거나, 불편을 초래할 수 있다고 주장한다.

그러나 우리나라에서 장애인 보조견으로 활동하는 '골든레 트리버', '래브라도레트리버' 종은 동물보호법상 입마개 의무 착용의 대상이 되는 '맹견'에 해당하지 않는다. 따라서 이러한 주장은 정당한 거부사유에 해당할 수 없다(동물보호법에서 규정하고 있는 맹견은 도사견, 아메리칸 핏불테리어, 아메리칸 스태퍼드셔 테리어, 스태퍼드셔 불테리어, 로트와일러 등 5개 견종과 그 잡종의 개에 한정하고 있다). 특히 안내견은 시각장애인에게 위험한 정황을 포착하면 입으로 시각장애인의 옷자락 등을 물어 위험을 알려 주도록 훈련받기 때문에 장애인 보조견에게 입마개를 착용시키는 건 말도 안 되는 이야기다.

그렇다면 장애인 복지법 등에서 규정하고 있는 장애인 보조견의 출입을 거부할 수 있는 '정당한 사유'란 어떤 경우를 말하는 것일까?

현재 국내 장애인 복지법에는 장애인 보조견의 출입을 '정당한 사유' 없이 거부해서는 안 된다고 규정하지만 어떤 것이 정당한 사유인지는 명시하지 않고 있다. 반면 미국의 장애인법ADA, Americans with Disabilities Act은 예외적으로 장애인 보조견의 퇴장을 요청할 수 있는 사유를 구체적으로 규정하고 있다(미국도 원칙적으로 장애인이 가는 어디든 보조견의 동반을 허용하고 있다). 사유는 ① 통제 불가능한 보조견에 대해 견주가 통제 노력을 하지 않는 경우, ② 보조견이 해당 장소에서 배변을 한 경우로 한정하고 있다.

미국의 경우에 비추어 보면, 장애인 보조견의 출입을 거부하거나 퇴장을 요청하기 위해서는 적어도 해당 공간에 장애인 보조견을 그대로 두었을 때 타인 또는 시설의 환경에 직접적이고 치명적인 피해가 발생할 우려가 있음이 인정되어야 한다고 볼 수 있다. 우리나라도 '장애인 보조견 출입 거부 사례'가 빈번하게 발생하는 것을 개선하기 위해 현행법에 규정된 정당한 사유를 구체화할 필요가 있다는 지적이 있었다.

국내에서는 시각장애인 김예지 국회의원의 안내견인 조이의 국회 출입이 거부된 사건이 있었다. 이 일을 계기로 '장애인 보조견의 출입을 거부할 수 있는 정당한 사유'를 대통령령에 구체적이고 명확히 규정하고, 법에 명시된 거부 사유를 제외하고는 모든 장소에 장애인 보조견 출입을 가능케 하는 것을 주요 내용으로 하는 '장애인 복지법 일부개정안'이 발의되기도 했으나, 아직 통과되지는 않았다.

한편, 장애인 보조견 출입을 거부하는 것에 대한 처분이 너무 미비하다는 지적도 있다. 현행 장애인 복지법에 따르면 정당한 사유 없이 장애인 보조견을 동반한 장애인, 훈련사, 자원봉사자의 출입을 거부하면 300만 원 이하의 과태료를 부과한다. 과태료는 벌금과 달리 형법상 형벌이 아니므로 부과 처분 자체에 담당 공무원의 재량이 적용되고, 범죄 전력 등이 남지도 않는다. 따라서 문제되는 행위를 하더라도 경미한 사안에 불과하다는 인식 탓에 이번 일과 같은 사건이 여전히 종종 발생하는 것이 아니냐는 비판도 있었다. 이에 이 대형마트 사건 후 과태료 대신 형사처벌인 벌금을 부과하도록 하는 개정안이 발의되기도 했다.

장애인 복지법 제90조 제3항

③ 다음 각 호의 어느 하나에 해당하는 자에게는 300만 원 이하의 과태료를 부과한다.

3. '제40조 제3항'을 위반하여 보조견 표지를 붙인 장애인 보조견을 동반한 장애인, 장애인 보조견 훈련자 또는 장애인 보조견 훈련 관련 자원봉사자의 출입을 정당한 사유 없이 거부한 자

물론 「장애인차별금지 및 권리구제 등에 관한 법률」제49조에 따라 장애인 보조견의 출입 거부를 고의적으로 지속·반복하거나 출입 거부 행위가 장애인에 대한 보복성으로 이루어진 것이 인정되면 이는 장애인에 대한 '차별 행위'로 간주되어 3년 이하의 징역 또는 3,000만 원 이하의 벌금에 처할 수 있기는 하다. 그러나 이번 사건과 같이 일회성에 그치거나, 장애인 보조견을 동반한 훈련자나 자원봉사자의 출입을 거부한 경우에는 과태료 부과 대상에 그치는 것이다.

미국의 경우 부당하게 보조견의 출입을 거부하는 것은 '장애인 차별'에 해당하고, 이에 따라 법무부 산하 시민권리부civil rights division에서 차별에 대한 조사를 받을 수 있다. 또 별도로 장애인 안내견의 출입을 거부당한 장애인은 연방법원에 차별에 대한 손해배상소송을 제기할 수도 있다.

— • • • —

장애인 보조견은 사람의 필요에 의해 평범한 반려견들이 누리는 자유 대신 긴 시간 훈련을 받고 사람에게 도움을 주는 존재이다. 장애인 보조견으로 활동하기 위해서는 예비 보조견이 훈련사나 자원봉사자들과 미리 행하는 사회적응 훈련 등이 꼭 필요하다는 것을 고려할 때, 장애인 보조견에 대한 단순 출입 거부 행위 역시 장애인에 대한 차별에 준하여 그 처벌 수위를 높이는 방안도 필요하다고 본다. 이제는 장애인 보조견을 우리 사회의 일부로 받아들이고, 이를 포용하는 인식 개선과 더불어 더욱 명확하고 구체적인 제도적 장치를 마련할 때이다.

거짓 사연에 보낸 후원금 돌려받을 수 있을까?

2020년 한 유기견 보호소가 SNS를 통해 교통사고를 당한 개의 치료비를 모금했는데, 개가 세상을 떠난 이후에도 모금을 계속해 비판을 받은 사건이 있었다. 유기견 보호소 측은 구조 당일 경황이 없어 개가 죽은 사실을 바로 전하지 못했고, 많은 돈이 모이자 다른 개들의 밀린 병원비를 충당할 욕심이 생겨 거짓말을 했다고 밝혔다. 이후 유기견 보호소에 대한 비판이 거세지자 보호소 측은 후원금을 돌려주고 있다고 했지만 여전히 비판은 계속되었다.

후원금이 논란이 된 것은 이 사건뿐만이 아니다. 유기 동물을 구조해 분양하는 영상을 주로 올려 50만 명의 구독자를 보유한 인기 유튜버 '갑수목장'도 허위 사연으로 후원금을 받아 문제가 되었다. 갑수목장은 펫숍에서 사온 고양이를 유기묘로 속여 후원금을 받았고, 영상 촬영을 위해서 일부러 고양이를 굶기고 때렸다는 혐의를 받았다.

이와 같은 유기견 보호소의 치료비 모금 행위나 유튜버가 후원금을 받는 행위는 법적으로 문제가 될 수 있다. 공지한 사유와 다르게 치료비를 모금하거나 후원금을 받은 행위는 형법상 '사기죄'나 '횡령죄'에 해당할 수 있다. 실제로 동물권연구 변호사 단체 PNR은 갑수목장을 사기와 횡령, 동물보호법 위반 혐의로 고소한 바 있다.

형법 제347조 (사기) ① 사람을 기망하여 재물의 교부를 받거나 재산상의 이익을 취득한 자는 10년 이하의 징역 또는 2,000만 원 이하의 벌금에 처한다.〈개정 1995. 12.29〉

② 전항의 방법으로 제삼자로 하여금 재물의 교부를 받게 하거나 재산상의 이익을 취득하게 한 때에도 전항의 형과 같다.

제355조 (횡령, 배임) ① 타인의 재물을 보관하는 자가 그 재물을 횡령하거나 그 반환을 거부한 때에는 5년 이하의 징역 또는 1,500만 원 이하의 벌금에 처한다. 〈개정 1995.12.29〉

② 타인의 사무를 처리하는 자가 그 임무에 위배하는 행위로서 재산상

의 이득을 취하거나 제삼자로 하여금 이를 취득하게 하여 본인에게 손
해를 가한 때에도 전항의 형과 같다.

    사기죄는 '사람을 기망하여 재물의 교부를 받거나 재산상의
이익을 취득'한 경우 성립한다. 앞의 유기견 보호소 사례의 경
우, 교통사고를 당한 개가 사망했지만 개가 살아 있음을 전제로
치료비를 모금했기 때문에 후원자를 기망해 치료비를 받아 재
산상의 이익을 취득한 것에 해당할 수 있다. 또한 갑수목장 유튜
버가 펫숍에서 구매한 고양이를 유기묘로 속여 후원금을 받은
것은 사람들을 기망해 재산상의 이익을 취득한 것이다.

    횡령죄는 '타인의 재물을 보관하는 자가 그 재물을 횡령하거
나 그 반환을 거부한 때'에 성립한다. 교통사고를 당한 개의 치
료비 용도로 받은 후원금을 다른 개의 병원비로 사용했을 때, 애
초에 그 목적과 다르게 돈을 사용했기에 이 역시 '횡령'에 해당
할 수 있는 것이다.

후원금을 돌려받을 수 있는
실질적인 방안은?

    후원금을 돌려받기 위해서 후원자들은 민사상 '부당이
득반환청구 소송'을 제기할 수 있다. 이를 위해서는 후원금 모

집자가 사기나 횡령을 저질렀다는 입증 자료와 후원금 입금 내역이 필요하다. 입증 자료에는 후원금 모집자가 자백하는 내용의 문자나 통화 녹취, 신문 기사 등이 있다. 다만 개개인이 이러한 자료를 모으는 데는 한계가 있다. 이럴 때에는 형사소송을 제기해 후원금 모집자가 사기 또는 횡령으로 유죄 판결을 받았을 경우, 이 판결문으로 입증 자료를 대신할 수 있다.

이외에도 형사소송 과정에서 손해배상을 받을 수 있는 제도인 '형사배상명령 제도'가 있다. 앞에서처럼 형사소송에서 승소한 이후에 다시 민사소송을 진행하려면 많은 시간과 비용이 들 것이다. 형사배상명령 제도는 형사소송 절차 내에서 가해자에게 물적 피해 배상을 구할 수 있는 제도이다. 이를 위해서는 먼저 피해자가 1심 소송이 끝나기 전에 '형사배상명령'을 신청해야 한다. 그리고 제1심 공판(항소했을 경우 2심 공판)에서 배상명령 신청을 인용한 유죄판결이 나오면 이 판결문은 민사상 손해배상을 인정한 판결문과 동일한 효력을 갖게 된다.

후원자는 이 판결문을 기반으로 법원에 신청하여 후원금 모집자에게 돈을 돌려받을 수 있다. 후원금 모집자가 피해 금액을 지급하지 않을 경우, 부동산이나 은행 계좌를 압류할 수도 있다. 다만 실무에서는 배상 신청이 타당하지 않거나 근거가 없다는 이유로 각하 결정을 내리는 경우가 많다. 이럴 경우 앞에서 언급한 대로 형사소송 이후에 민사소송을 추가로 제기해야 한다.

최근 유기 동물 및 동물 학대 사례가 뉴스로 알려지면서 이에 대한 후원금이나 치료비 모금이 빈번하게 이루어지고 있다. 하지만 이를 통해 부당한 이득을 취하려는 사람들도 등장하고 있다. 이런 사건은 경제적 손해를 일으키는 것은 물론 선한 행동을 하고자 하는 이들의 마음에 상처를 내고 신뢰를 깨 버리곤 한다. 이로 인해 개인 활동가 혹은 동물보호단체들이 활동에 제약을 받게 되면 지금도 고통 속에 살고 있는 동물들을 더 힘들게 만드는 결과를 초래할 것이다. 앞으로 이와 같은 사태가 재발하지 않도록 치료비, 후원금 등의 모금, 그 사용 내역에 대해서 필수적으로 공지하는 등 좀 더 투명한 공개 절차가 만들어지길 바란다.

사람 문 개는
무조건 안락사?
잘못된 찬반 논쟁

2021년 5월 22일, 경기 남양주시에서 50대 여성이 대형 견에 물려 사망하는 안타까운 사고가 발생했다. 유족들의 비통한 마음은 그 어떤 위로로도 달랠 수 없을 것이다. 사고를 일으킨 개는 남양주시에서 보호하고 있다. 유족을 비롯한 여러 사람들은 사고를 일으킨 개를 안락사시킬 것을 강하게 주장하고 있다. 한편 일각에서는 개가 사람을 물도록 방치한 사회의 잘못이 더 크고, 개를 안락사하는 것은 동물 학대에 해당한다고 주장한다. 남양주시청에는 사고견을 자신이 입양하겠다는 개인들의 전화도 오고 있다고 한다. 이처럼 사고견에 대한 안락사 처분을 놓고 의견이 분분하다.

안락사는 사고견에 주사 약물을 주입해 인위적으로 생명을 단축시켜 사망하게 하는 것이다. 사고견을 잔인한 방법으로 살해하는 이른바 '고통사'가 동물 학대에 해당함은 이론의 여지가 없을 것이다. 동물보호법도 목을 매다는 등의 잔인한 방법으로 동물을 죽음에 이르게 하거나 공개된 장소 또는 동종의 다른 동물이 보는 앞에서 죽음에 이르게 하는 행위를 금지하고 있다(동물보호법 제8조 제1항). 단, 동물보호센터 운영 지침은 정당한 사유가 있어 동물을 죽이는 경우에도 반드시 동물을 마취한 뒤 심장 정지·호흡 마비를 유발하는 약물을 사용하여야 하고, 다른 동물이 볼 수 없는 별도의 장소에서 신속하게 수의사가 시행하도록 규정하고 있다(농림축산식품부 고시 제2016-18호 제21조 제1항, 제22조 제3항).

우리 현행법 체계는 개가 사람을 물어 상해를 가했을 때, 소유자에 대해 민·형사상 책임을 부과하는 규정을 두고 있다. 사고 발생 직후에는 이 사건 개의 소유자를 찾을 수 없었으나, 이후 불법 개농장을 운영하는 60대가 소유자인 것으로 밝혀졌다. 가해자는 자신의 개가 아니라고 부인했지만 경찰은 현장 검증 등을 거쳐 소유자라고 판단했고, 결국 과실치사죄 등으로 기소되었다.

한편 현행법에 사람을 문 개에 대한 처리를 규율하는 직접적인 규정은 없다. 유기동물을 보호하는 동물보호센터의 운영자는 유기동물의 기증 또는 분양이 곤란하고, 시·도지사 또는 시장·군수·구청장이 부득이한 사정이 있다고 인정하는 경우 보호조치 중인 유기동물을 인도적인 방법으로 처리하도록 규정하여 안락사를 허용하고 있다. 하지만 이는 보호 중인 유기동물 전반에 대한 규정이지 사고를 일으킨 개에 대한 규정은 아니다.

외국의 경우는 어떠할까? 미국 뉴욕의 경우 개가 사람을 물면 동물관리국에 보고되고, 그런 문제가 계속 발생할 때는 개를 안락사시킬 수 있다. 캘리포니아 주에서도 '위험한 개는 안락사에 처할 수 있다'는 규정이 있다. 호주는 당국에 등록된 평가사에게 위험견으로 판정된 개가 2회 이상 입마개를 미착용하거나, 울타리가 설치되지 않은 집에서 양육되는 경우 당국에 압수되어 안락사를 시킬 수 있도록 한다. 독일은 반려견 행동 전문가 자문을 통해 공격성에 대한 교육이 불가능한 것으로 판단되면 개를 안락사시킬 수 있고, 특히 헤센 주의 반려견 규정은 '개가 사람을 죽이거나 중대한 상해를 입힌다면 다른 동물이나 사람의 생명, 건강에 대한 위험을 방지하기 위해 안락사를 시킬 수 있다'고 명시하고 있다. 그러나 이 국가들은 대개 안락사를 실시하기 전까지 사고를 일으킨 개를 관리하거나 평가할 수 있는 시스템을 갖추고 있다는 점에서 우리와 차이가 있다.

일부 훈련사들은 사냥 목적이 엿보일 정도로 공격성이 지나친 사고견은 행동 교정을 통해 교화될 가능성이 전무하므로, 안락사 시키는 것 외에 다른 대안이 없다고 주장한다. 반면 동물 보호단체들은 이 사건의 근본적인 원인이 사고가 발생하기 전에 사고견이 놓여 있었던 사회적 환경에 있으므로 사고견을 안락사시키는 것만으로 근본적인 문제가 해결되는 것은 아니라고 주장한다. 양쪽 모두 충분히 경청할 만한 주장이다.

마치 사람과 같이 사고견을 형사처벌한다는 개념으로 이 문제에 접근해서는 안 될 것이다. 사고를 일으킨 모든 개가 행동 교정을 통해 교화될 가능성이 없는, 지나친 공격성을 가진 개도 아닐 것이다. 이 사건과는 별개로 실제로 많은 개들은 스스로를 방어한다는 개념으로 사람을 문다고 한다. 동물의 생명을 빼앗는 일이 기본적으로 동물 학대에 해당한다는 점을 염두에 두면, 사고견을 안락사시키는 정당한 이유도 제한적으로 해석해야 할 것이다. 사고견이 사고를 일으키기 전에 처해 있었던 환경 및 사고견이 행동 교정을 통해 교화될 가능성이 있는지 등을 관계 기관과 전문가들이 먼저 평가하고, 이후 사고견을 안락사시켜야 하는가를 판별하는 것이 바람직하다.

· · · ·

앞서 살펴본 것처럼 아직 우리는 사고견의 관리나 처리에 대한 구체적인 규정을 갖고 있지 않다. 그러나 다행히 농림축산식품부에서 최근 '제2차 동물복지종합계획(2020~2024)'을 발표했는데, 사람을 물거나 위협한 반려견의 기질(공격성)을 평가하여 행동 교정, 안락사 명령 등을 내릴 수 있는 방안을 추진한다고 하고, 이르면 2022년 안에 관련 체계가 마련된다고 한다. 다소 늦은 감이 있지만 농림축산식품부의 노력을 환영하며, 이와 같은 방안을 행정규칙이 아닌, 법률에 명시해 규범성을 더욱 강화해 주길 기대한다.

정부의
개 식용 영업 방치에
헌법 소원 제기한
PNR

2019년 11월 21일, 동물권 연구 단체 PNR은 동물권 단체 KARA(카라)와 함께 '정부가 보신탕집 영업과 개 도살장 운영을 방치해 국민 기본권을 침해하였다'며 헌법 소원 제기 의사를 밝힌 바 있다.

'헌법 소원'이라 하면 어렵게 생각하는 사람들도 있을 테고, '개고기 판매를 막지 않은 것이 헌법까지 위반한 일일까'라고 생각하는 사람들도 있을 것이다. 이에 헌법 재판과 헌법 소원에 대해서 조금 더 쉽게 알아보고, 이번 사건의 구체적인 내용을 간략히 설명해 보고자 한다.

우선 헌법 재판이란, 의회에서 제정한 법률이 헌법을 위반하는지를 심사하고, 그것이 위헌이라고 판단될 때는 그 법률의 효력을 상실시키거나 적용을 거부하는 제도이다. 헌법 재판에는 여러 가지 유형이 있는데 그중에 하나가 바로 '헌법 소원 심판'이다. '헌법 소원 심판'은 공권력의 행사 또는 불행사로 헌법상 보장된 국민의 기본권이 침해되었을 때 제기하는 것이다. 헌법 소원 심판은 다음과 같이 두 가지로 나뉜다.

권리구제형 헌법 소원 : 공권력으로 인해 헌법이 보장하는 기본권이 침해되었을 때, 공권력을 취소해 기본권을 구제해 줄 것을 요청하는 것

위헌 심사형 헌법 소원 : 재판에 적용되는 법률이 헌법을 위반한다는 의심이 들 때 당사자가 헌법재판소에 위헌 법률 심판을 청구하는 것. 법원을 통해서 위헌 법률 심판을 헌법재판소에 청구할 수 있지만, 법원에서 기각되었을 때 이용 가능함

이번 '개 식용 종식을 위한 헌법 소원 청구'는 '권리구제형 헌법 소원'에 해당한다. 이번 헌법 소원 내용은 법적으로 허가받지 않은 개 도살장 운영과 보신탕 영업을 감독하고 제재할 의무가 있는 정부가 행정 조치 등 공권력을 행사하지 않아 국민의 기본권이 침해되었다는 것이다. 이는 공권력의 주체가 특정한 행정 조치를 취해야 할 헌법상 의무가 있지만, 이를 행하지 않은 '행정 부작위'라고 볼 수 있다. 즉, 공권력이 제대로 작동하지 않아

국민의 기본권이 침해되었고, 이를 바로잡기 위해 헌법 소원 재판을 신청한 것이다.

개 농장 및 개 도살장 운영이 기본권을 침해한다?

그렇다면 정부가 개 도살장 운영과 보신탕 영업을 관리·감독하지 않은 것이 국민의 어떤 기본권을 침해했을까?

가장 먼저 헌법 제10조 '모든 국민은 행복을 추구할 권리를 가진다'에서 규정하는 '행복 추구권'이다. '행복 추구권'은 말 그대로 인간으로서의 행복을 추구할 권리로, 고통이 없는 상태나 만족감을 느낄 수 있는 상태를 실현할 수 있는 권리를 말한다.

잔인한 방법으로 개가 도살되는 장면을 직접 목격하거나 개 도살장 인근에서 개들이 울부짖는 소리를 듣게 되는 경우 정신적인 트라우마를 겪을 수 있고, 이는 행복 추구권을 침해하는 것이라 볼 수 있다. 또 개를 반려동물로 인식하는 일반 국민의 행복 추구권을 침해할 가능성도 있다. 잃어버렸던 반려견 '오선이'가 개소주를 만들 목적으로 도살된 사건은 오선이 보호자뿐만 아니라 반려견을 아끼는 사람들의 행복 추구권을 침해한 대표적인 사례로 볼 수 있다.

이런 주장에 대해서 개 식용을 찬성하는 자의 '행복 추구권'

이나 보신탕 영업자들의 '직업적 자유'를 침해하는 것 아니냐는 반박도 있다. 이렇게 서로 다른 주체들의 기본권이 대립할 때는 기본권의 성격에 따라 적절한 방법을 선택, 종합해 해결한다. 주로 기본권 사이에 위계질서를 따져 어느 한쪽의 기본권을 우선하는 '이익 형량의 방법'이나, 충돌하는 기본권 모두에 제약을 가해 조화를 찾는 '규범 조화적 해석에 의한 방법' 등이 활용된다.

헌법은 전문에서 사회적 폐습을 다파할 것을 다짐하고 있다는 점, 동물보호법은 개를 대상으로 반려동물 등록제를 실시한다는 점, 보신탕 영업은 무분별한 개 도살의 원인인 점, 보신탕 영업이 해마다 급감하고 전체 음식점 중 차지하는 비율이 극소수인 점을 헌법재판소가 감안한다면 개 식용을 반대하는 사람들의 행복 추구권을 우선할 여지가 충분히 있어 보인다.

나아가 '환경권'과 '보건권'도 침해될 수 있다. 대형화된 공장식 개 농장 및 개 도살장은 개에게 공급하는 음식물 쓰레기와 분뇨로 인한 악취, 사체 태우는 냄새, 개들이 울부짖는 소리, 폐기물 무단 투기 등으로 주변 환경에 심각한 악영향을 끼치고 있다. 게다가 관리 감독을 받지 못하는 환경에서 개들이 도살되고, 철저한 검사를 받지 못한 채 유통되는 '개고기'는 국민의 보건권을 침해할 가능성이 크다. 이외에도 개 농장 및 개 도살장 주변 사람들은 우울증과 불면증에 시달리기도 하고, 개 농장 때문에 집이 팔리지 않아 '재산권'까지 침해받는 상황이 발생하기도 한다.

개 도살장 및 개 농장 운영이
'불법'은 아닌데…

　　물론 개 도살장 운영과 보신탕 영업을 위법으로 규정하는 법령이 존재하지 않는 건 사실이다. 이러한 법적 공백 때문에 '정부가 개 도살장 운영과 보신탕 영업을 단속하고 금지할 근거가 없다'고 주장하기도 한다. 하지만 PNR과 카라는 축산법과 축산물 위생관리법, 식품위생법, 동물보호법 등의 관련 규정을 근거로 그 위법성을 주장하려고 한다.

　　현재 식용을 목적으로 개를 도살하는 것을 금지하는 동물보호법 일부 개정안이 국회에 발의되어 있고, 여론조사에서도 과반수가 이 개정안을 찬성하고 있는 것으로 나타났다. 이외에도 개를 가축에서 제외하는 축산법 일부 개정안도 발의되어 있다. 이러한 움직임에 발맞춰 진행되고 있는 '헌법 소원'이 인용된다면 정부에 개 도살장과 보신탕 영업소를 관리, 감독하고 제재해야 할 의무가 부여된다.

— * * * —

　이 사건에 청구인으로서 참여 의사를 밝혀 준 분들이 1,018명에 달한다. 우리 민족의 오랜 '개 식용 관습'은 그 옳고 그름에 대한 개개인의 견해를 떠나 시대의 변화에 발맞춰 사라져 가고 있다. 이번 헌법 소원이 '개 식용 근절'의 시발점이 될 수 있길 기원한다.˙

아쉽게도 이 청구는 청구인들의 당사자적격이 인정되지 않는다는 이유 등으로 헌법재판소의 본안심리를 받아 보지 못한 채 각하되었다.

"동물은 물건이 아니다", 민법 개정이 불러올 변화

법무부는 "동물은 물건이 아니다"라는 내용의 민법 개정 안을 마련해 2021년 7월 19일 입법예고했다.

민법 제98조의 2 (동물의 법적 지위)

① 동물은 물건이 아니다.

② 동물에 관하여는 법률에 특별한 규정이 있는 경우를 제외하고는 물건에 관한 규정을 준용한다.

법무부는 보도 자료를 통해 다음과 같이 밝혔다.

"최근 반려동물과 함께 사는 가구가 증가하면서, 동물을 생명체로서 보호하고 존중해야 한다는 사회적 공감대가 폭넓게 형성되고 있습니다. 각종 동물 학대나 동물 유기 등의 문제에 대해서도 국민들의 우려와 관심이 커지고 있습니다.

특히 그동안 동물 학대에 대한 처벌이나 동물 피해에 대한 배상이 충분하지 않은 근본적인 이유에 대해서 동물이 법체계상 물건으로 취급받고 있기 때문이라는 지적이 있었습니다. 또한 국민 10명 중 9명이 '민법'상 동물과 물건을 구분해야 한다고 답한 여론 조사 결과도 있었습니다.

이에 법무부는 이러한 국민의 인식 변화를 법제도에 반영하고 동물과 사람을 막론하고 생명이 보다 존중받는 사회를 견인하기 위하여, '민법'에 제98조의 2로 "동물은 물건이 아니다"라는 조항을 신설하는 법안을 마련했습니다.

현행 민법 제98조는 물건을 "유체물 및 전기 기타 관리할 수 있는 자연력"으로 규정하고 있고, 동물은 이 중 유체물로서 물건으로 취급되었습니다. 그러나 이제 본 개정안이 국회를 통과하면 동물은 물건이 아닌 동물 그 자체로서의 법적 지위를 인정받게 됩니다."

민법은 사인私人 간의 법률관계를 다루는 법으로, 헌법과 더불어 모든 법률의 기본법과 같은 역할을 한다. 특별법에서도 종종 별다른 규정이 없으면 민법을 준용하고 있는데, 이는 민법이 기본법으로서 기능하기 때문이다. 그동안 민법에서는 동물을 '물건'으로 규정하면서, 동물보호법에서는 동물을 '고통을 느낄 수 있는 신경 체계가 발달한 척추동물'로 정의했다. 이처럼 양 법 사이의 동물에 대한 상이한 법 인식이 있었는데, 민법 개정안으로 이를 해소할 수 있게 된 것이다.

"동물은 물건이 아니다"라는 문장이 불러올 변화

이번 민법 개정으로 동물 학대에 대한 처벌도 강화될 것으로 기대된다. 동물 학대 행위에 대해서는 생명을 해치는 행위임에도 불구하고 기본법인 민법에서 동물을 물건으로 파악했기 때문에 비교적 처벌 수위가 낮았던 것이 사실이다. 초범인 경우 대개 집행 유예 처벌을 받거나, 단기 실형을 받았다. 일례로, 2014년 미국 법원은 자신이 키우는 강아지를 트럭에 매달고 도로를 질주한 중년 남성에게 동물 학대 위반 혐의로 5년형을 선고했다. 우리나라에서도 같은 사건이 발생했지만 경찰은 증거 불충분으로 '혐의 없음' 처분을 내렸다.

또한 동물 학대로 인해 동물이 죽음에 이르렀을 때, 이에 대한 손해배상액도 상당히 증액될 것으로 예상된다. 동물이 물건으로 취급받는 현실에서 지금까지는 민사상 손해배상 청구를 한다 하더라도, 동물의 가액(몸값) 정도로 그 배상액이 책정되어 왔다. 그러나 동물이 더 이상 물건이 아니라면 동물의 잔여 수명, 동물과 보호자 간의 친밀도 정도, 동물과 보호자 간의 교류 기간 등을 추가로 고려해 손해배상액을 책정할 수 있다.

아울러 부부간 이혼 소송 등에서도 반려동물의 양육권을 결정하는 것에 대한 논의가 더 활발해질 수 있다. 민법 개정안 마련 전에도 결혼해서 같이 키우던 반려동물의 인도를 구하는 청구 소송이 빈번하게 있었고, 누가 반려동물을 키울 것인지 쟁점이 되어 왔다. 최근 재판부는 반려동물을 키우는 것도 일종의 양육권이라고 보아, 누가 반려동물을 키우는 것이 적합한지 기준을 내세워 조정을 하거나 판단을 내렸다. 반려동물을 누가 데리고 왔는지를 기준으로(민법상 소유자를 기준으로) 판단하는 것이 아니라 부부 공동생활 동안 누가 더 많이 돌보았는지, 애정을 쏟았는지, 앞으로 누가 더 잘 돌볼 수 있는지 등을 기준으로(양육자를 기준으로) 판단하고 정기적으로 반려동물을 만날 수 있도록 면접권도 인정하고 있다. 민법 개정을 통해 앞으로 양육권 인정에 대한 기준 등에 대한 논의가 더 활발해질 것으로 예상된다.

완벽하지는 않은 개정···
논의의 물꼬를 터 주길

다만 민법 개정안에 대한 비판적인 의견도 존재한다. 민법 개정안 제98조의 2의 제2항에서는 '동물에 대해서는 법률에 특별한 규정이 있는 경우를 제외하고는 물건에 관한 규정을 준용한다'라고 되어 있다. 법률에 특별한 규정이 있는 경우가 아니라면 동물을 물건과 유사하게 취급하겠다는 것이 제2항의 취지인 것이다. 이를 두고 사람들은 제98조의 2의 제1항(동물은 물건이 아니다)의 규정이 단순히 선언에 불과하고, 제2항에는 여전히 물건에 관한 규정을 준용할 수 있는 근거가 남아 있는 것이라는 비판이 나오고 있다. 결국 개별 법률이 빨리 재개정되어야만 제1항이 진짜 의미를 가질 수 있는 것이다.

이번 민법 개정안은 동물과 인간의 관계, 동물 학대에 대한 제재 방안에 대한 더 많은 논의를 할 수 있는 시발점이라 생각한다. 이번 개정을 시작으로 동물보호법 등 관련 법령의 개정이 순차적으로 이루어져야 할 것이다.

- • • • -

완벽하진 않지만 이번 민법 개정안은 동물에 대한 인식이 진일보한 것으로 환영받을 만한 일이다. 앞으로 '동물은 내 소유의 물건이니 내 마음대로 할 수 있다'는 인식만큼은 이번 기회에 뿌리 뽑히길 기대한다.

'동물권'이 더 이상 조롱거리가 아닌 날을 기다리며

김지혜 변호사

이 책은 PNR 소속 변호사들이 동그람이에 연재한 '동물과 함께하는 法' 시리즈에 담았던 칼럼들을 모아 출간한 것이다. 동물과 관련한 사회적 이슈가 생겼을 때의 법적 쟁점을 글로 풀어내는 일은 항상 비슷한 내용인 듯하면서도 달라서 참 까다로운 작업이다. 요즘은 반려동물을 키우거나 동물권에 관심이 있는 독자들 중에 상당한 법률 지식을 갖춘 분들이 많아, 혹시 허술하거나 부실한 부분은 없는지 여러 차례 원고를 읽고 수정하는 과정을 거친다. 간혹 글 쓰기가 힘든 날은, 매체에서 쉽게 접할 수 있는 동물 문제를 다루는 것이 의미 있는 작업이라고 스스로 위안했으나, 우리가 준비한 글들이 과연 독자들의 눈높이에 닿을 만했는지는 언제나 고민이 되는 지점이다.

사실 동물 이야기를 법률과 엮어서 쓰다 보면 유쾌하지 않은 내용을 다뤄야 할 때가 많다. 법이 개입하기 시작했으면 사고가 발생했거나, 누군가가 억울한 상황이거나, 분쟁이 크게 발생한 상황이기 때문이다. 사람들이 먼저 법을 잘 지켜 주면 좋겠고, 문제가 발생하면 법에 따라 명쾌하게 해결되면 좋겠지만, 어디에서나 그렇듯 그 반대인 경우가 훨씬 많아 보인다.

특히 사람과 사람 사이의 사건처럼 법적인 해결 방법이 있지만 시간과 금액이 걸림돌이라 해결이 어려운 사례가 더 많다. 참으로 아쉽지만 시간과 비용의 획기적인 감소를 가져다주는 방법은, 당분간 찾기 어려워 보인다. 그럼에도 이 책에서는 발생할 수 있는 여러 쟁점과, 그에 따른 다양한 해결 방법들을 소개했다. 비슷한 사안을 평소에 많이 보아 두면 혹시 나중에 문제가 생겼을 때 당황하지 않고 해결책을 찾아 갈 수 있지 않을까 하는 생각에서였다. 이 책에 실린 글들을 읽는 독자 여러분들께 약간이나마 도움이 되었다면 PNR에게는 매우 큰 보람일 것이다.

'동물 학대'는 불가피하게 가장 자주 다루어지는 주제다. 같은 주제를 여러 번 다루다 보니, 자칫 이런 내용이 지겹고 의미가 없는 건 아닐까 하는 생각도 잠시 했다. 그럼에도 우리가 쓴 글을 읽은 누군가가 무지성(?) 동물 학대 현장에서 "어느 변호사들이 그랬는데 그건 동물 학대 행위이고 처벌받을 수 있어. 그러니까 그런 행동은 하지 마"라고 말해 줄 수 있다면 이미 그것만으로도 충분한 결과일 것이라고 마음을 돌렸다.

　우리 어린 시절에는 동물 학대가 세간의 관심을 받지 못했다. 그때는 동물 학대라는 개념 자체가 매우 생소했다. 지금과 비교하면 관심사가 참 좁은 사회였다. 우리나라에서 동물보호법이 처음으로 제정된 무렵이기도 했으니 말이다. 당시에는 개 농장에서 강아지만 빼내어 펫숍에서 돈을 받고 강아지를 파는 것이 당연했고 정당한 영업의 하나일 뿐이었다. 물론 나 역시 지나가다 본 펫숍의 강아지를 사 달라고 부모님을 조른 기억이 있다. 1년을 펫숍 창밖에서 서성거리면서 부모님을 졸랐더니, 펫숍 주인아저씨가 '작고 어린놈이 있으니 하나 데려가라'고 하여 30만 원을 주고 요크셔테리어를 데려왔다. 그 무렵 분식집 돈가스가 3,000~4,000원 할 때였는지라, 지금 기준으로 보면 요크셔테리어는 70만~80만 정도가 될 것이다.

　아무튼 펫숍에서 데려온 강아지는 '해피'였는데 해피의 배에는 어른의 검지 길이 정도의 울퉁불퉁한 수술 자국이 있었다. 사실 임신과 출산의 개념이 없던 때라, 해피의 배에 난 기다란 그 자국이 무엇을 의미하는지 몰랐다. 나에게는 마냥 귀엽고 소중한 첫 '애완견'이었으니까(아, 당시에는 반려견이라는 말은 없었다. 모두 애완견이라고 부르는 데에 거리낌이 없었다). 해피와는 오랜 시간을 함께하지 못했다. 여름방학에 외할아버지 댁에 놀러 갔는데, 해피는 아빠가 쓰레기를 버리러 나간 사이 열린 문으로 나가버렸고 그 이후 찾지 못했다.

그 뒤에 학교를 다니고 내 생활을 하느라 한동안 강아지를 잊고 살다, 2013년 8월에 지금의 반려견 똘이를 한 가정에서 입양했다. 똘이를 데려오고 '누나가 변호사인데 똘이를 위해서 작은 일 정도는 해줄 수 있지' 하는 마음이 들어 PNR에 가입했다. 그리고 어느 날 미디어 출연 가이드라인 작업을 하던 중 불현듯 해피가 생각났다. 그 순간 잊고 있던 해피 배의 그 기다란 수술 자국이 의미하는 과거를 이해했다. 다들 눈치챘겠지만, 해피는 개 농장이나 번식장에서 새끼를 낳는 번식견이었을 것이다. 사실 나는 아직도 해피가 몇 살인지, 몇 번의 새끼를 배고 낳았는지 모른다. 펫숍 주인은 한 살인 강아지라고 했는데, 그때의 사진을 찾아보면 네댓 살 이상은 되어 보이고, 아마 그 기간 동안 번식장에서 살다 나왔으리라 생각한다.

너무 오래된 일이라 해피 배의 수술 자국이 한 줄이었는지 두 줄이었는지까지는 모르겠다. 다만 개 농장과 번식장에서 착취당하는 개들의 영상을 볼 때마다 몸서리치게 되는 것, 그리고 개 농장과 번식장이 사라지길 바라는 것은 해피의 기억이 있기 때문일 것이다. 사람에게 하지 못할 일은 동물에게도 할 수 없어야 한다. 좁은 공간에 갇혀 오로지 귀여운 새끼를 낳기 위해 돌봄도 받지 못하고 평생 새끼를 낳아야만 하는 삶은 '비인간적'이다. 동물이기 때문에 비인간적인 행위를 견뎌야 할 이유는 없다.

똘이는 우리 집 막내 역할을 하는 중인데, 똘이랑 산책하고 놀러 갈 때마다 해피 생각이 난다. 어린아이였던 나는 해피가 마냥 좋았지만, 해피가 밖을 나가서 산책을 하고 냄새를 맡아야 즐거운지 알지 못했다. 나는 하교 후 집에 돌아와 문을 열었을 때 해피가 있다는 자체로 행복했기 때문이다. 그로부터 어언 27~28년쯤 지나고 보니 해피가 행복하기 위한 최소한의 생활도 해 주지 못한 게 너무나 미안할 따름이다.

기회가 있을 때마다 해피를 소개하는 이유는 해피에 대한 사죄와 스스로에 대한 질책과 반성, 그리고 생명을 데려와 보호자로서 책임지는 많은 반려인들에 대한 존경을 표시하기 위함이다. 오늘도 반려동물의 행복을 위해서 노력하는 보호자님들께, 그리고 생명을 한평생 돌볼 수 없어서 반려동물을 데려오지 않는다는 무거운 책임을 이해하신 분들께 존경의 말씀을 전한다.

—*＊＊＊*—

동물에 대한 관심은 아직도 '유별난 행동'이나 '배부른 행동'으로 치부되는 경우가 있다. 동물을 보호하자는 것은 아주 특별한 이야기가 아닌데도 종종 타인으로부터 조롱의 대상이 되기도 한다. 특히 '동물권'이라는 단어는 아직 국내법에서 반영된 용어도 아니기에, '동물권이 뭐예요?'라는 질문은 PNR 인터뷰어의 단골 첫 질문이다.

그런데도 동물권에 관심을 갖는 분들이 늘어나고 있으니 긍정적인 신호라고 생각한다. 동물에 대한 관심은 결국 사람과 동물이 공존하기 위한 노력이다. 그 노력에 우리가 조금이나마 도움이 되었기를, 그리고 되기를 기대한다.

글을 마무리하며 쓰는 말이지만, 사실 나는 야망가이다. 언젠가는 반려동물에 관한 문제뿐만 아니라 동물원 동물, 사육동물, 야생동물까지 더 많은 대중의 관심과 사랑과 보호의 손길이 미치기를 기대한다. 타인의 지적과 불편을 감수하고 동물의 권리를 위하여 일상에서 힘써 주시는 분들, 뜻깊은 칼럼을 연재할 수 있는 기회를 주신 동그람이 분들, 그리고 우리 글을 아껴주시고 1권에 이어 2권 출판의 기회까지 주신 독자분들과 출판사 관계자분들게 다시 한 번 깊은 감사와 존경을 전하며 글을 맺는다.

개인정보보호법

개인의 자유와 권리를 보호하기 위하여, 개인정보 보호정책의 수립, 개인정보의 처리와 안전한 관리, 보호에 관한 제반사항을 규정하는 법률.

경범죄처벌법

사회공공의 질서 유지를 위해 경미한 범죄사범을 처벌하도록 하는 법률.

국가배상법

국가나 지방자치단체의 손해배상의 책임과 배상절차를 규정하는 법률.

도시공원 및 녹지 등에 관한 법률

도시에서의 공원녹지를 확충하고 관리하기 위해 필요한 사항을 규정하는 법률.

동물보호법

동물의 생명보호와 안전 보장, 복지 증진, 생명 존중의 국민 정서 함양, 사람과 동물의 조화로운 공존을 도모하기 위해 동물 학대 등의 금지, 맹견의 관리, 동물 구조 및 보호, 동물실험의 관리, 동물복지축산농장 인증, 반려동물 영업 등을 규율하는 동물보호의 기본 법률.

동물원 수족관법, 동물원 및 수족관의 관리에 관한 법률

동물원 및 수족관에 있는 동물들의 생태와 습성에 대한 올바른 정보 제공, 보유동물의 복지 증진 및 생물다양성 보전을 통해 생명존중 가치를 구현하고, 야생생물과 사람이 공존하는 환경을 조성하기 위한 목적으로, 동물원 및 수족관의 허가와 관리에 필요한 사항을 규정하는 법률.

민법

사람의 재산관계와 가족관계 등 민사를 규율하는 법률.

사행산업통합감독위원회법

사행산업으로 인한 부작용 최소화와 불법사행산업 감시를 위하여 사행산업통합감독위원회의 설치, 기능, 구성, 위원의 임기 등 제반사항을 규정하는 법률.

상법

상거래와 기업의 법률관계를 규율하는 법으로 총칙, 상행위, 회사, 보험, 해상, 항공운송편으로 구성된 법률.

소송 촉진 등에 관한 특례법

소송의 지연을 방지하고, 국민의 권리·의무의 신속한 실현과 분쟁처리의 촉진을 도모하기 위하여 법정이율, 독촉절차에 관한 특례, 배상신청 등 형사소송에 관한 특례를 규정하는 법률.

수의사법

수의사의 기능 및 수의업무, 동물병원의 개설 및 관리, 벌칙 등을 규정하는 법률.

실험동물에 관한 법률

동물실험에 대한 윤리성과 신뢰성을 높이기 위한 목적으로 실험동물의 과학적 사용, 동물실험시설의 등록, 실험동물의 공급, 안전관리 및 정보 공개 등 제반사항을 규정하는 법률.

야생생물법(야생생물보호법), 야생생물 보호 및 관리에 관한 법률

야생생물의 멸종을 예방하고, 생물의 다양성, 생태계의 균형을 유지하기 위하여 야생생물의 보호, 학대금지, 멸종위기 야생생물의 포획·채취 등 금지, 생물자원의 보전, 수렵 관리에 관한 제반사항을 규정하는 법률.

약사법

약사에 관한 일들이 원활하게 이루어질 수 있도록 자격과 면허, 약사회 및 한약사회, 약사심의위원회, 약국 개설등록, 의약품 조제, 수입허가, 의약품 판매업 등 필요한 제반사항을 규정하는 법률.

의료법

모든 국민이 수준 높은 의료 혜택을 받을 수 있도록 의료인의 자격과 면허, 권리와 의무, 제한되는 의료행위, 의료기관의 개설 등 국민의료에 필요한 제반사항을 규정하는 법률.

장애인 복지법

장애인의 인간다운 삶과 권리보장을 위하여 국가와 지방자치단체 등의 책임, 장애발생 예방과 장애인의 의료·교육·직업재활·생활환경개선 등에 관한 사업, 장애인의 자립생활·보호 및 수당지급 등 필요한 제반사항을 정하는 법률.

장애인차별금지 및 권리구제 등에 관한 법률

모든 생활영역에서 장애를 이유로 한 차별을 금지하고 장애를 이유로 차별받은 사람의 권익을 효과적으로 구제할 목적으로 고용, 교육 등에 있어서의 차별금지, 장애여성 및 장애아동 등에 대한 차별금지, 손해배상, 벌칙 등을 규정하는 법률.

전통 소싸움 경기에 관한 법률

전통적으로 내려오는 소싸움을 활성화하기 위하여 소싸움경기에 관한 제반사항을 규정하는 법률.

지방자치법

지방자치단체의 종류와 조직 및 운영, 주민의 지방자치행정 참여에 관한 사항과 국가와 지방자치단체 사이의 기본적인 관계를 정하는 법률.

표시·광고의 공정화에 관한 법률

상품 또는 용역에 관한 표시·광고를 할 때 소비자를 속이거나 소비자로 하여금 잘못 알게 하는 부당한 표시·광고를 방지하고 소비자에게 바르고 유용한 정보 제공이 이루어질 수 있도록 하기 위한 제반사항을 규정하는 법률.

헌법

국가의 통치조직, 통치작용의 기본원리 및 국민의 기본권에 관하여 규정하는 우리나라 최고 법.

형법

범죄의 요건과 그 법적 효과인 형벌에 관하여 규정하는 법률.

환경영향평가법

환경에 영향을 미치는 계획 또는 사업을 수립·시행할 때에 해당 계획과 사업이 환경에 미치는 영향을 미리 예측·평가하고 환경보전방안 등을 마련하도록 하기 위하여 환경영향평가의 대상, 환경영향평가서의 협의 내용, 환경영향평가의 대행 및 기술자 등 관련 제반사항을 규정하는 법률.

환경정책기본법

환경정책의 기본 사항을 정하여 환경오염과 환경훼손을 예방하고 환경을 적정하고 지속가능하게 관리·보전할 목적으로 환경계획의 수립, 법제상·재정상 조치, 환경정책위원회 등 필요한 내용을 규정하는 법률.

동물법, 변호사가 알려드립니다 2

1판 1쇄 발행 2023년 1월 16일

지은이 동물권연구변호사단체 PNR
펴낸이 심규완
책임편집 조민영
디자인 문성미

ISBN 979-11-91037-13-5 13360

펴낸곳 리리 퍼블리셔
출판등록 2019년 3월 5일 제2019-000037호
주소 10449 경기도 고양시 일산동구 호수로 336, 102-1205
전화 070-4062-2751 팩스 031-935-0752
이메일 riripublisher@naver.com

블로그 riripublisher.blog.me
페이스북 facebook.com/riripublisher
인스타그램 instagram.com/riri_publisher